Sommerblumen

Von Ageratum bis Zinnie

Anke Kuhbier/Marion Nickig

Edition Ellert & Richter

Inhalt

Einleitung
Anke Kuhbier

Definition

Drei Einjährige stehen in schönem Farbkontrast zueinander: Gelbgrüne Zinnie 'Froggy', Sommerastern (*Callistephus*) und Gartenverbenen (*Verbena*).

Sommerblumen heißen sie, diese kurzlebigen Pflanzen, die sich schon in dem Jahr ihrer einmaligen Blüte aus unseren Gärten verabschieden. Man könnte meinen, daß sie ihr kurzes Dasein durch besonderen Farben- und Formenreichtum ausgleichen wollen, denn eine derartig betörende Vielfalt wie unter den Sommerblumen findet sich in kaum einer anderen Blumenkategorie: Derbe, haarige Sonnenblumen (*Helianthus annuus*), die bis zu vier Meter hoch werden können, Jungfer-im-Grünen (*Nigella damascena*) mit ihren zarten Porzellanfarben und dem filigranen Laub sowie die Vielzahl der exotisch anmutenden Kapuzinerkressen (*Tropaeolum majus*), deren Ranken bis zu drei Meter am Boden entlangkriechen. Dies sind nur drei Beispiele aus dem Kaleidoskop des Angebots. Und viele von ihnen verwöhnen uns mit unzähligen Blüten und üppigem Duft.
Unter dem Begriff „Einjährige" werden oftmals nur die plumpen, grellfarbigen Blumen der öffentlichen Parkanlagen und Blumenkübel – Tagetes, Geranien, Ageratum und Buntnessel – verstanden. Das hat zu einer vorurteilsreichen Vernachlässigung anderer Sorten bei vielen Gärtnerinnen und Gärtnern geführt. Nun scheint allmählich ein Sinneswandel einzutreten, und die wunderschönen, hohen Sommerblumen sind wieder begehrt: die filigranen Kosmeen, blendend weiße Trichtermalven, Spinnenpflanzen und der vielfarbige Sommerrittersporn.
Vielleicht ist der Name „Sommerblumen" etwas irreführend, denn es gibt einige, die schon im Frühling blühen (z. B. Stiefmütterchen), während andere im Herbst besonders schön sind (z. B. einjähriger Sonnenhut). Aber ebensowenig passend scheint der Begriff „Einjährige" zu sein, weil darunter auch Pflanzen eingeordnet werden, die in ihren Heimatländern ganz dauerhafte Stauden sind und die nur bei uns den Winter

nicht überstehen und deshalb jedes Jahr neu herangezogen werden (z. B. Heliotrop aus Peru). Andere müssen wiederum schon im vorherigen Sommer ausgesät werden, um ein Jahr später zu blühen (z. B. Bartnelken). Das sind die sogenannten „Zweijährigen“.
Gemeinsam ist allen Sommerblumen in unserem Klima jedoch die einmalige Blüte und ihr Vergehen nach dem Ausbilden der Saat. Daß in Ausnahmefällen – und nach milden Wintern – manche im darauffolgenden Jahr wieder austreiben, bestätigt nur die Regel.

Geschichte

Das Sammeln von Saatgut im Herbst und das Heranziehen der Pflanzen im nächsten Frühjahr hat auch bei den Blumen eine lange Tradition. Wenn Karl der Große um 800 in seinen Empfehlungen für den Gartenbau, dem berühmten „Capitulare de villis“, vorrangig Kräuter auflistet, dann entspricht das dem mittelalterlichen Zeitgeist. Die Dinge mußten einen praktischen Nutzen haben, Schönheit allein wäre dekadent gewesen. So wird der Schlafmohn (*Papaver somniferum*) damals nicht wegen der Zartheit seiner Blütenblätter genannt worden sein. Auch in der „Physica“ (1179) von Hildegard von Bingen sollte die Ringelblume (*Calendula officinalis*) nur medizinischen Zwecken dienen.
Aber 400 Jahre später kommt Licht in das Dunkel: Hieronymus Bock (1577), Laurentius Scholz (1594) und Basilius Besler mit seinem „Hortus Eystettensis (1613) beschreiben in den genannten Jahren Sommerblumen, die noch immer unsere Gärten schmücken: Goldlack (*Cheiranthus cheiri*), Marienglockenblume (*Campanula medium*), Löwenmaul (*Antirrhinum majus*), Levkoje (*Matthiola incana*), Maßliebchen (*Bellis perennis*), Kornblume (*Centaurea*), Studentenblume (*Tagetes*) – damals viel anmutiger „Sammetblume“ genannt – und viele mehr. Sie blühten in den umfriede-

ten Anlagen großer Burgen und Schlösser, hinter Klostermauern und ganz allmählich auch in unzähligen Hausgärten auf dem Lande und in der Stadt.
Da kam 1715 der präzise Ratgeber Georg Weidmanns über die Pflege und Kultur von Sommerblumen zur rechten Zeit. Herr Weidmann, der Stiftsgärtner in Fulda war, gab dabei nicht nur praktische Tips, sondern lieferte moralische Appelle an die richtige Einstellung gleich mit: „*Wer demnach will ein recht und guter Blumengärtner seyn und seine Profession mit Ruhm und Ehren treiben, der muß zu vörderst und vor allen Dingen einen gewissen Trieb und Lust zu solchen Sachen haben: denn außer diesem giebts gemeiniglich Stümperey.*"
Etwas wissenschaftlicher stellt sich das „Dictionary of Gardening" des Engländers Phillip Miller von 1760 dar, das sehr genau aufführt, wann und woher welche Pflanzen nach Europa gekommen sind – der erste Leinenbeutel mit Sonnenblumensamen aus Nordamerika erreichte 1560 den europäischen Kontinent. England war auch weiterhin fortschrittlich in der Gartenkultur. Es gab bereits Ende des 18. Jahrhunderts einige Periodika, die über Gartenbau und Pflanzenzucht berichteten, und Anfang des 19. Jahrhunderts erschienen so viele Journale dieser Art, daß man beinahe den Überblick verliert. Besonders die Arbeiten der Royal Horticultural Society in bezug auf neueste Einführungen, Sortenzüchtungen und Pflanzenbewertungen, die in der Monatsschrift „The Garden" veröffentlicht werden, sind bis heute vorbildlich.
Die ebenfalls schon im 19. Jahrhundert weit fortgeschrittene Saatgutkultur Deutschlands im Raum Erfurt ist durch politische Umstände leider etwas in den Hintergrund geraten.
Aufgrund der Fortschritte bei der Samenzüchtung, der Entdeckung neuer Pflanzen in der ganzen Welt und durch verbesserte Vertriebssysteme werden zur Zeit

Folgende Doppelseite: Diese Frühlingsbeete schäumen über mit Vergißmeinnicht (*Myosotis*). Im Vordergrund steht der zweijährige rosa Silberling (*Lunaria*).

Eine feine Kombination in Blau bilden die hellen Lobelien zusammen mit der dunklen Brachycome.

über 250 verschiedene Sommerblumen als Jungpflanzen oder Saatgut angeboten. Jedes Jahr präsentieren die Züchter neue Varietäten mit neuen Namen, die noch widerstandsfähiger, größer und bunter sind, aber auch altmodische Sorten kehren zurück, wie zum Beispiel der kleinblütige Elfenspiegel (*Nemesia strumosa*) unserer Großmütter. Die Auswahl ist betörend vielfältig, und die Möglichkeiten, individuelle Farb- und Formzusammenstellungen zu pflanzen, sind unbegrenzt. Einjahrsblumen können in verschwenderischer Pracht ausgesät werden, und sie schmücken den Garten einen ganzen Sommer lang.

Verwendungsmöglichkeiten

Sommerblumen sind die Tischdekoration auf der Gartentafel. Erst durch sie erhält der gedeckte Tisch seine vollendete Zierde, die jedes Jahr wieder neu sein kann. Der schnellste Weg, das Aussehen des Gartens zu gestalten, ohne die Grundstrukturen zu verändern, ist das Arrangement unterschiedlichster Pflanzen in vielfältigen Farben an wechselnden Plätzen.
Es gibt kaum einen Ort, der für sie nicht in Frage kommt. Zwischen den Stauden füllen die Sommerblumen alle Lücken auf, niedrige Sorten umrahmen Rosen und Ziersträucher, sie klettern an Zäunen und Gittern empor und bedecken mit ihren Ranken Einfassungen und Erdwälle. Ein neu angelegter Garten kann schon im ersten Jahr durch Sommerblumen bunt und heiter aussehen, bevor die Sträucher und Stauden an- und ausgewachsen sind, und im Gemüsegarten lassen sich abgeerntete Flächen mit ihnen verzieren. Dort kann übrigens auch ein regelrechtes Schnittblumenbeet angelegt werden, von dem man sich ohne Skrupel Sträuße für die Vase schneidet.
Hinter Sommerblumen verbirgt sich das gelb gewordene Laub mancher Zwiebelpflanze, und die hohen Sor-

Im Spätsommer leuchtet der Sonnenhut (*Rudbeckia*) im Blumenbeet. Die filigrane *Verbena bonariensis* lockert das Bild auf.

ten schützen vor dem Blick auf den Komposthaufen oder die nachbarliche Garage. Und nicht zuletzt bieten sie unerschöpfliche Möglichkeiten bei der Bepflanzung von Blumenkästen, Ampeln, Kübeln und Schalen. Dabei müssen es nicht immer Jungpflanzen aus der Gärtnerei sein; auch in den Balkonkasten kann ausgesät werden, und dann wiegt sich der kurzlebige Mohn dekorativ im Sommerwind, oder die Kapuzinerkresse bedeckt locker das Geländer.

Großflächig ausgesäte Sommerblumenfelder sind ein herrlicher Anblick, der die sorgfältige Vorbereitung im Frühjahr und das Unkrautjäten im Frühsommer lohnt. Auch wenn im Oktober wieder alles vorbei ist: die lebendige Pracht des Hoch- und Spätsommers war es wert. Moderne Gartendesigner propagieren die verschwenderische Vielfalt und den Charme des scheinbar wilden, unordentlichen Einjährigen-Gartens, und man sieht betörende Bilder aus England und den Niederlanden. Voraussetzung sind jedoch ein entsprechend großer Garten, der Verzicht auf eine winterliche Struktur der genutzten Fläche und ein mildes Klima. Denn je weiter man nach Norden kommt, je unbeständiger die Temperaturen und vor allen Dingen die Niederschläge sind, desto geringer wird die Auswahl an Blumen, die man direkt an Ort und Stelle aussäen kann.

Aber einen Versuch ist es allemal wert, denn Sommerblumen sind eine unkomplizierte, fröhliche Gesellschaft, mit der man herumprobieren kann. Im nächsten Jahr läßt sich alles anders gestalten. Verschiedenste Farbzusammenstellungen sind möglich, Größe und Formen lassen sich variabel einsetzen, und es ist jedesmal keine Entscheidung auf längere Sicht, sondern eine alljährlich wiederkehrende Gelegenheit, mit Blumen ein neues Sommerbild in den Garten zu malen.

Vorherige Doppelseite: Die langen blauen Ähren des Ziersalbeis (*Salvia farinacea*) schweben über Sonnenhut (*Rudbeckia*) und Studentenblume (*Tagetes tenuifolia*).

Die Bedingungen, Ort und Zeitpunkt, nach denen man die ausgewählten Blumen am besten heranzieht, werden bei den einzelnen Pflanzenporträts beschrieben, und sie sind auch auf der Rückseite der Samentütchen abgedruckt. Einige Blumenarten lassen sich hervorragend direkt in den Gartenboden aussäen, während andere besser im Haus in Saatschalen vorgezogen werden. Die Frostempfindlichen werden dann nach den „Eisheiligen“ (11. bis 15. Mai) ausgepflanzt. Dabei wäre es falsch, mit dem Aussäen zu früh anzufangen. Es bekommt den kleinen Pflanzen nicht, wenn sie zu lange im Haus herumstehen müssen, weil draußen noch Fröste zu befürchten sind.
Natürlich kann man die Methode nach eigenem Können und Belieben auswählen; sehr empfindliche Pflanzen, die erst Anfang Mai ausgesät werden können, kommen aber bei der Direktaussaat sehr spät zur Blüte, deshalb lohnt sich für sie eine Anzucht im Haus. Und an den robusten Sommerblumen, die ein paar Kältegrade vertragen, erfreut man sich ebenfalls früher, wenn sie in die „Vorschule“ gegangen sind. Aber einfacher ist selbstverständlich die Direktsaat, und große Flächen wird man kaum mit kleinen vorgezogenen Pflänzchen bedecken wollen bzw. können.

Einjährige, die im Garten an Ort und Stelle ausgesät werden

Um aus den kleinen, braunen Samenkörnern ein Meer von Farbe zu zaubern, muß als unabdingbare Voraussetzung der Boden perfekt vorbereitet werden. Man gräbt ihn im Herbst sorgfältig um, entfernt alle Wurzelunkräuter und hofft auf den Frost, der ihn ordentlich mürbe werden läßt. Will man zwischen Stauden säen, grobbert man die Erde zwischen ihnen durch und achtet ebenfalls darauf, daß alles Unkraut entfernt ist.
Nur wenn es sich um ausgesprochen mageren Boden

handelt und die zukünftigen Pflanzen groß und kräftig werden, muß gedüngt werden. Am besten trägt man im Herbst auf den umgegrabenen Boden eine fünf Zentimeter dicke Schicht Kompost auf, denn die organischen Bestandteile und das Fasermaterial lockern den Boden auf und binden die Feuchtigkeit. Zuviel Dünger, z. B. nochmals im Frühjahr vor der Aussaat, fördert lediglich das Blattwachstum und nicht die Blütenbildung. Viele Sommerblumen lieben außerdem eher leichten Boden und fühlen sich in zu fetter Erde nicht wohl.
Im Frühling, wenn sich der Boden etwas erwärmt hat und die Winternässe abgezogen ist, wird sorgfältig geharkt. Die Erde soll ganz feinkrümelig sein, damit auch die kleinsten Samenkörner „Fuß fassen" können und nicht in einem Hohlraum oder auf einem Stein landen. Dann werden flache Rillen gezogen, gerade oder kurvig, so wie die Reihen später verlaufen sollen. Eine breitwürfige Aussaat ist nicht empfehlenswert, weil es schwierig ist, das aufkommende Unkraut zu entfernen. Sind die Pflanzen erst einmal groß, erkennt man zudem einzelne Reihen nicht mehr.
Sollen verschiedene Sorten in einer lockeren Gesellschaft zusammenstehen, markiert man mit hellem Sand (z. B. Vogelsand) die Umrisse der Flächen, innerhalb derer die Reihen zwar parallel verlaufen, aber die Richtung der Reihen innerhalb der einzelnen Flächen unterschiedlich ist. Auf diese Weise lassen sich auch größere Flächen, sogar ganze Sommerblumenwiesen anlegen.
In die Rillen wird mit der Hand ganz dünn ausgesät. Das ist nicht einfach, und deshalb mischt man die Saat mit Sand. Zu locker wird es eigentlich nie, denn die Breite der ausgewachsenen Pflanze wird meistens unterschätzt. In der Regel stehen die kleinen Sämlinge viel zu dicht und müssen später ausgedünnt, pikiert, werden. Das macht man, wenn die Pflänzchen ungefähr vier Zentimeter hoch stehen. Dabei drückt man mit zwei Fingern rechts und links die Erde etwas an, damit die

Folgende Doppelseite:
Eine rosa Komposition aus Schmuckkörbchen (*Cosmos*) mit fiedrigem Laub, niedrigem Ziersalbei (*Salvia viridis*) und links einem spektakulären Ehrenpreis (*Veronica*)

Vorherige Doppelseite: Wie Speerspitzen ragt der zahlreiche Fingerhut (*Digitalis purpurea*) in die Höhe. Rechts hängt ein zartlila Schmetterlingsstrauch (*Buddleja alternifolia*) über die Rabatte.

Nachbarpflanzen beim Herausziehen nicht gestört werden.
Aber zunächst liegt das Saatgut in der Rille und muß vorsichtig mit der Harke bedeckt und danach leicht angedrückt werden. Mit einem feinen Brausekopf an der Gießkanne wird hinterher gründlich gegossen.
Das Gießen bzw. Feuchthalten der Erde ist übrigens eine Überlebensfrage. Denn wenn das Saatkorn während des Keimvorgangs austrocknet, stirbt es ab. Einen zweiten Anlauf gibt es nicht. Wenn nicht gewährleistet werden kann, daß der Boden während der Keimzeit feucht – nicht naß! – bleibt, z. B. in Wochenendgärten, dann sollte man ein Vlies, feuchtes Sackleinen oder nasses Zeitungspapier auf die Flächen legen, das rechtzeitig, bevor die ersten grünen Spitzen herauskommen, entfernt werden muß. Die Keimdauer wird auf den Samentütchen angegeben.
Zwischen den Reihen wird dann laufend gehackt, das Unkraut innerhalb der Reihen aber erst gezogen, wenn es ganz eindeutig erkennbar ist.

Zweijährige

Einige Blumen werden im Jahr vor ihrer Blüte ausgesät, und zwar dann, wenn die Samenreife der Pflanze abgeschlossen ist. Das bedeutet zum Beispiel für Vergißmeinnicht im Juni, für Fingerhut schon Ende Mai und für Stockrosen im Hochsommer. Die Vorbereitung des Freilandbeetes erfolgt, anders als bei den Einjährigen, natürlich in einem einzigen Arbeitsgang, da die Einwirkung von Frost auf den Boden entfällt. Dünnes Aussäen, eventuelles Pikieren und Gießen geschieht gleichermaßen, nur ist das Feuchthalten des Beetes im Sommer besonders wichtig.
Wenn die Pflänzchen im Herbst groß genug zum Umsetzen sind, werden sie an die Stelle gepflanzt, an der sie im nächsten Jahr blühen sollen.

Vorziehen im Saatkasten

Für das erfolgreiche Heranziehen von Sommerblumen in Saatgefäßen gibt es einige praktische Regeln. Es ist eine einfache Sache, wenn man die Vorbereitungen sorgfältig ausführt und die speziellen Angaben in bezug auf Temperatur, Zeitpunkt und Saattiefe auf der Rückseite der Samentütchen genau beachtet.

Zuerst sucht man sich die passenden Gefäße; jede Blumensorte bekommt eines für sich allein. Der Versuch, zwei verschiedene Samen in einer Schale zusammen heranzuziehen, geht immer schief, denn meistens verlangen die Blumen unterschiedliche Bedingungen, ihre Keimzeit kann beträchtlich variieren, und außerdem können rasch Verwechslungen passieren. Dann blüht es im Garten oder Balkonkasten auf einmal Gelb, wo eigentlich nur Blaues hingehören sollte.

Geeignet sind alle flachen Schalen oder Kisten aus Ton, Kunststoff oder Styropor – sogar ein Eierkarton tut es –, wenn ein guter Wasserabzug gegeben ist. Diese Durchlässigkeit ist sehr wichtig, deshalb muß auch bei der Verteilung der ungedüngten Anzuchtserde eine gewisse Drainage geschaffen werden.

Dazu wird das Gefäß zu Dreiviertel gefüllt, man drückt mit der Hand leicht an und häuft durch ein feines Erdsieb geschüttelte, zarteste Anzuchtserde darauf. Den Berg streicht man mit einem Lineal glatt und verdichtet diese obere Schicht durch leichten Druck mit einem Brettchen, das man sich idealerweise vorher passend zugesägt hat. Ein aufgeklebtes Klötzchen als Knauf zum Anfassen ist hilfreich. Das Gefäß sollte möglichst hoch gefüllt sein, denn die winzigen Keimlinge stehen nicht gerne im Schatten des Topfrandes. Beim zweiten Kistchen nimmt man die Reste aus dem Erdsieb als untere Drainageschicht.

Die gefüllten Saatschalen überbraust man mit einer ganz feinen Rosette an der Gießkanne durchdringend

Die Anzuchtserde wird fein gesiebt (oben).
Der lockere Haufen muß durch vorsichtiges Andrücken mit einem Brettchen (links) verdichtet werden.

Größere Samenkörner (oben) können gleich in individuelle Töpfchen gesät werden. Die Saatschalen (rechts) werden mit Folie abgedeckt.

und läßt sie eine Weile abtropfen. Einfache Holzleisten über der Badewanne sind ein gutes Gestell für diese Prozedur.
Erst jetzt wird der Samen so dünn wie möglich ausgestreut und ganz leicht mit Erde übergesiebt. Ganz allgemein gilt die Regel, daß in der Saatkornstärke bedeckt wird. Nur ganz feines Saatgut – das zum Ausbringen mit Sand gemischt werden sollte – und sogenannte Lichtkeimer liegen offen.
Großkörnige Saat, wie zum Beispiel von Kapuzinerkresse (*Tropaeolum*) oder Duftwicke (*Lathyrus odoratus*), können direkt in kleine Töpfe oder Saatpaletten, die in einzelne Felder unterteilt sind, gesät werden.
Die Gefäße werden nun mit einer Glasscheibe, Klarsichtfolie oder einem durchsichtigen Plastikdeckel bedeckt und an einen hellen, aber nicht sonnigen, kühlen Ort gebracht. Die ideale Keimtemperatur wird bei den jeweiligen Pflanzenporträts angegeben.
Schauen die ersten grünen Triebspitzen aus der Erde, werden die Folien etc. entfernt, damit die Pflänzchen nicht in einer „Waschküche" groß werden müssen.
Nun trocknet die Erde wieder leicht aus, und es muß in Abständen gegossen werden: immer am Morgen mit abgestandenem Wasser, das nicht zu kalt sein sollte.
Am einfachsten ist wieder das Überbrausen mit der feinen Rosette im Badezimmer, denn ein zu kräftiger Wasserstrahl spült Erde und Pflänzchen weg. Das Einnebeln mit einem Pump-Sprüher ist nicht effektiv genug, man müßte es täglich mehrmals wiederholen, und die Pflanze hätte keine Gelegenheit, zwischendurch trocken zu werden. Damit sind für Pilzkrankheiten die besten Voraussetzungen geschaffen. Ein wechselnder Feuchtigkeitsstand ist übrigens die beste Durchlüftung für den Boden, deshalb sollte die Erde immer etwas abtrocknen, bevor erneut gegossen wird.
Die Gerätschaften, Saatkistchen, Blumentöpfe, Siebe und Pikierstäbe müssen für das nächste Jahr ganz sau-

ber abgewaschen, abgebürstet und trocken aufbewahrt werden, sonst besteht die Gefahr einer Infektion.

Das Frühbeet – Das Gewächshaus

Die Anzucht von Sommerblumen macht Spaß, die bunten Bilder auf den Samentütchen verlocken zu mehr Saattöpfchen, als man auf den Fensterbänken, im Flur, Schlaf- oder Badezimmer unterbringen kann. Auch die optimale Temperatur in der Wohnung ist nicht immer leicht zu halten. Da kommen Begehrlichkeiten auf: Ein Gewächshaus, ein Glashäuschen oder ein Wintergarten soll es als nächstes sein. Aber diese Behausungen verlangen ein ganz spezielles Wissen, wenn man sie optimal nutzen möchte. Der Wintergarten wird schnell zum zweiten Wohnzimmer und hat damit auch im Februar für die Anzucht unangenehme 21° C. Das Gewächshaus mit Heizung, Thermostaten, Wasseranschluß, Schattierungen gegen die Sonne, Stellagen und Lüftung verlangt vom Aufwand her eigentlich eine Kommerzialisierung der Blumenzucht, im bescheidenen Glashäuschen dagegen wird die Temperatur im Spätwinter unkontrollierbar schwanken.
Ist der Garten groß genug, kann man sich mit einem Frühbeet behelfen. Das ist ein Holzrahmen mit einer Glasabdeckung, die zum Lüften geöffnet werden kann. Früher legte man zuunterst in diese Kästen eine dicke Schicht frischen Stallmist, dessen Verrottung ziemlich viel Wärme abgab. In die Erdschicht darüber wurde ausgesät. Diese Prozedur erfordert ebenfalls viel Erfahrung, zumindest aber frischen Stallmist, und den bekommt man ja nicht ohne weiteres.
Deshalb ist der sogenannte kalte Kasten eine praktikable Zwischenlösung. Man baut ihn an einer sonnigen, windgeschützten Stelle auf. Hier sind die kleinen Pflanzen auch vor Schneckenfraß geschützt, allerdings muß der Boden einwandfrei vorbereitet werden, und

die Holzlatten des Rahmens dürfen nicht verrottet sein. Das Maß hängt von den individuellen Bedürfnissen und dem Platz im Garten ab. Aber der Holzrahmen sollte nur so groß sein, daß die Glasfenster einfach zu öffnen und zu schließen sind und man überall gut arbeiten kann. Der vordere Rand ist niedriger als der hintere, damit die Scheiben schräg aufliegen.
Zuunterst kommt eine Schicht grober Kies, um den Wasserabfluß zu gewährleisten. Darauf stellt man die Töpfe und Schalen, wenn die Sonne ihre erste Wärme entwickelt, etwa ab Mitte Februar. Die Temperatur im geschlossenen Kasten ist dann ausreichend, um die Keimung der Saat zu bewirken. Wird es noch einmal sehr kalt, muß der Kasten mit Strohmatten und/oder mit Strohballen rundherum geschützt werden. Schnee ist übrigens auch eine Isolierung.
Auch die empfindlicheren Pflanzen, die man im Haus vorgezogen hat, können später zur Abhärtung in den kalten Kasten. Tagsüber öffnet man die Fenster ein wenig – je nach Temperatur – und abends werden sie wieder geschlossen.
In jedem Fall ist eine ständige Temperatur- und Feuchtigkeitskontrolle unabdingbar, und eine Urlaubsreise sollte während der Zeit zwischen Aussaat und Vereinzelung nicht geplant werden.

Vereinzeln oder Pikieren

Nach der vollständigen Ausbildung der Keimblätter wird pikiert, d. h. die einzelnen Sämlinge werden verpflanzt, damit sie mehr Platz bekommen, um sich optimal entwickeln zu können.
Man hebelt sie mit einem kleinen Holzstäbchen, in das man eine kleine Kerbe geschnitzt hat, aus der vorher etwas aufgelockerten Erde heraus und setzt sie sofort in kleine Töpfe oder eine Anzuchtsschale im Abstand von mindestens drei mal drei Zentimetern. Besonders ge-

Cruydt-hoeck
Monarda citriodora
Cruydt - hoeck
Postbus 1414
GRONINGEN HOLLAND

Grundsätzlich sind die Sommerblumen eine anspruchslose Gesellschaft, die während ihrer Blütezeit keine aufwendige Betreuung nötig haben. Sie müssen nicht wie dauerhafte Gartenstauden über die Jahre aufgepäppelt werden, denn sie verabschieden sich ja schon im Jahr ihrer Blüte. Und viele von ihnen sind deshalb auch mit einem nicht so nährstoffreichen Boden vollauf zufrieden. Allerdings läßt sich durch ein wenig Nachhilfe die sommerliche Pracht noch verbessern.

Ausputzen

Eine wirkungsvolle Arbeit ist das Abknipsen oder Abschneiden der verwelkten Blüten. Ist der Pflanze das Ausreifen nicht gestattet, bildet sie neue Blütenansätze, da sie auf Samenbildung programmiert ist. Und die Blumenbeete sehen natürlich auch adretter aus, wenn man sich diese Mühe macht.

Jäten

Das gilt auch für das Unkrautjäten zwischen den Sommerblumen. Sicherlich würde in der kurzen Zeitspanne ihrer Blüte benachbartes Unkraut keine entscheidende Beeinträchtigung in bezug auf Nahrung und Licht bedeuten, aber der optische Eindruck wird gemindert. Werden größere Flächen wie Schmetterlingswiesen oder neues Gartenland mit Sommerblumen eingesät, kann man sich das Unkrautjäten, nachdem die Pflanzen einmal groß geworden sind, aber mit gutem Gewissen sparen.

Düngen

Ein bißchen ins Belieben des Gärtners und der Gärtnerin ist auch das Düngen gestellt. Eine Verabreichung von Flüssigdünger (Jauche, Tee) bringt sicherlich mehr grünes Laub hervor, ob das auch für die Blüten gilt, ist nicht bei allen Blumen garantiert. Viel wichtiger ist eine gute Bodenvorbereitung im Herbst.

Gießen

Ist der Sommer trocken, sollten die Blumen gegossen werden. Drei Regeln helfen dabei:
1. Möglichst am frühen Morgen gießen, damit die Blätter im Laufe des Tages abtrocknen können. Nächtliche Feuchtigkeit begünstigt Pilzerkrankungen.
2. Möglichst mit abgestandenem Wasser aus einer Gießkanne gießen, weil das Leitungswasser zu kalt und der Strahl mit dem Wasserschlauch für viele Sommerblumen zu hart ist.
3. Nicht oft ein bißchen gießen, sondern nur bei offensichtlichem Bedarf ganz durchdringend. Sonst wird die Pflanze nur ihre oberflächlichen Wurzeln entwickeln, verliert an Standhaftigkeit und braucht immer häufiger einen „Schluck aus der Kanne".

Stützen

Die blühende Schönheit wird manches Mal durch Gewitter, Wind und Regen arg strapaziert. Dann liegt die Pracht auf dem Boden, und die zarten Blütenblätter sind mit Erde vollgespritzt. Das läßt sich kaum reparieren, und Vorsorge ist deshalb angebracht:
Nicht nur Kletterpflanzen brauchen ein Gerüst, an dem sie sich emporranken können und an das sie manchmal mit etwas Bast angebunden werden müssen. Auch hohe Einjährige, wie zum Beispiel Sonnenblumen, hoher Ziertabak oder Fingerhut können einen stützenden Stab gebrauchen, damit Wind und Regen sie nicht zu Boden drücken. Zierliche Bambusstäbe sind unauffällig, und es gibt dazu passenden Bindedraht; das sind Drahtabschnitte, die mit Packpapier ummantelt sind

und mit denen man schnell einzelne Stiele anbinden kann.
Dichte Gruppen zierlicherer Blumen läßt man durch Zweige hindurchwachsen. Dazu eignet sich abgestorbenes Schnittgut von verzweigten Gehölzen, das man nach der Aussaat oder dem Verpflanzen der Einjährigen in den Boden steckt. Das frische Laub der Sommerblumen verdeckt sehr schnell die braunen Äste, die z. B. Kosmeen oder Levkojen zu einem guten Stand verhelfen. Diese Methode verlangt Vorausschau, denn nachträglich kann man das Geäst nicht zwischen die Blumen basteln.
Etwas Geschicklichkeit erfordert die Herstellung von Hauben und Haltegittern aus gebogenen Weiden- oder Haselzweigen, aber selbst die schlichtesten Naturholzbasteleien sind meistens angenehmer für das Auge als alles, was es an Plastikstützen zu kaufen gibt.

Schädlingsbekämpfung

Weiteres Unheil droht durch Schnecken. Besonders in einem feuchten Frühjahr können sie frisch ausgepflanzte Sommerblumen oder die aufkommenden Sämlinge in einer Nacht ratzekahl auffressen. Wenn die Pflanzen größer sind, schmeckt das Laub nicht mehr so gut, und die Überlebenschancen sind besser. Frühes und rechtzeitiges Reagieren ist also nötig.
Die marktüblichen Gifte – wie z. B. Schneckenkorn – sind mit großer Skepsis zu betrachten. Zum einen können die toten Tiere unter Umständen für andere Gartenbewohner wie Igel, Vögel, Kröten etc. unbekömmlich sein, auch wenn das Gegenteil auf der Verpackung steht, und zum anderen locken diese Gifte erst einmal die Schnecken an. Das kann dazu führen, daß mehr Schnecken in den Garten kommen, als eigentlich dort zu Hause sind. Besonders bei den viel benutzten Bierfallen ist dies die Folge. Die Lockwirkung kann so groß

sein, daß zwar die erste Riege der ankommenden Schädlinge noch von der Bierfalle bzw. dem Schneckenkorn aufgehalten wird, aber die zweite Reihe bis zu den mühsam aufgepäppelten Blumen vordringt und tabula rasa macht.
Erfahrene Schneckenbekämpfer verlassen sich deshalb auf das Aufsammeln und Vernichten der Plagegeister. Man findet sie abends an feuchten Stellen, unter dem dichten Laub der Stauden, unter Steinen und Brettern oder unter der ausgelegten, umgestülpten Schale einer halben Pampelmuse. In einem Eimerchen mit Seifenwasser läßt man sie schnell verschwinden. Die unangenehme Brühe sollte einen Tag später in einer Ecke des Gartens vergraben werden.

Krankheiten

Weniger bedrohlich sind Krankheiten. Sommerblumen sind im allgemeinen nicht empfänglich für Rost, Mehltau oder Virusinfektionen, und eine dauerhafte Behandlung lohnt wegen ihrer Vergänglichkeit nicht.
Eine Ausnahme bilden die zweijährigen Stockrosen (*Alcea rosea*). Sie scheinen Rostpilze fast magisch anzuziehen, und das leider vertraute Bild sind zuerst orangefarbene Pünktchen, die später schwarz werden, sowie das darauffolgende Absterben und Vergilben der befallenen Blätter. Dieser Pilz überwintert an dem neuen Blattaustrieb, der sich entweder am alten Stock oder durch Selbstaussaat direkt daneben schon im Sommer vor der nächsten Blüte entwickelt. Das macht die Bekämpfung schwierig.
Ganz sorgfältige Gartenmenschen sammeln deshalb die Samen und säen sie in kleinen Töpfchen jeden Spätsommer wieder aus, um die Pflanzen im Frühjahr in ein neues oder in das peinlichst gereinigte Beet auszusetzen. Aber selbst dabei kann man nicht sicher sein, daß der Rostpilz verbannt ist.

Die Topfbepflanzung mit dem kompakten, stark duftenden Heliotrop wird durch die zarte rosa Lobelie aufgelockert.

Eine rabiatere Methode ist das frühzeitige und regelmäßige Spritzen mit einem Fungizid. Vor dem Kauf dieses Mittels sollte man sich beraten lassen.

Blumentöpfe

Stehen die Sommerblumen in Töpfen oder Kästen, ist die Pflege viel notwendiger. Durch kräftige Regenschauer werden Nährstoffe ausgewaschen, und bei Sonnenschein trocknen die Blumen schneller aus. Deshalb sind eine Düngergabe mit dem Gießwasser und regelmäßiges Wässern nötig.
Hohe Kübelpflanzen werden gestützt. Hier muß besonders auf eine dekorative Lösung geachtet werden, denn die Töpfe stehen oft als Einzelstücke oder in der Nähe von Sitzplätzen und ziehen entsprechend die Blicke auf sich. Deshalb sollte auch Verblühtes schnell entfernt werden.
Bei Fraßschäden sollte man in dem Gefäß unter den Blättern sorgfältig suchen, um die Schnecke zu entdecken, manchmal sitzt sie auch unter dem gebogenen Rand oder am Fuße der Schale.

Pflege von Schnittblumen

Am besten schneidet man die zum Teil knospigen Blumen am frühen Morgen, dann sind sie im wahrsten Sinne des Wortes taufrisch. Vor einem drohenden Regenschauer oder wenn man den Wochenendgarten am Sonntag wieder verlassen muß, kann man sich großzügig einen Arm voll aufgeblühter Sommerblumen für die Vase abschneiden, damit der ohnehin kurze Genuß nicht frühzeitig oder ungenutzt vorübergeht.
Die Blumen haben eine längere Lebensdauer, wenn man die Stiele beschneidet und den ganzen Strauß in einem Eimer mit zimmerwarmem Wasser über Nacht an einem kühlen, dunklen Ort zur Ruhe kommen läßt.

Farbenprächtiger Sommerüberfluß aus einjährigen Schnittblumen: Zinnien und Sonnenblumen mit Dill garniert

Erst am nächsten Tag stellt man sie dann in die Vase. Es gibt allerlei trickreiche Ratschläge, nach denen Schnittblumen länger halten sollen. Angeblich bleibt der Blumenstrauß über Wochen frisch, wenn man einen Kupferpfennig, einen Spritzer Spülmittel oder handelsübliches Pulver in das Blumenwasser gibt.
Entscheidend ist, daß sich in dem Wasser keine Bakterien ausbreiten, die schleimige Ablagerungen an den Blumenstielen bewirken und damit ihre Saugfähigkeit behindern. Dagegen hilft ein Teelöffel Essig oder Zitronensaft. Fügt man einen weiteren Teelöffel mit Zucker hinzu, haben die Blumen noch ein wenig zusätzliche Nahrung, und es sollte ihnen gutgehen.
Manche Schnittblumen, zum Beispiel Tulpen, richten sich in der Vase nicht von alleine wieder auf, obwohl sie noch ganz knackig sind. In diesen Fällen bindet man den Strauß gleich nach dem Schnitt „bis an die Halskrause" zusammen, unter Umständen wickelt man ihn zusätzlich in Papier ein, und läßt ihn so über Nacht ausruhen. Dadurch gewinnt er seine aufrechte Statur zurück, wenn er am nächsten Morgen in die Vase gestellt wird.
Einige hohlstengelige Blumen wie Lupinen oder Rittersporn lassen sich am besten senkrecht halten, indem man einen dünnen Bambusstab in den Stiel schiebt. Diese Methode bleibt von außen unsichtbar und beschädigt die Pflanze nicht.
Eine andere, geradezu wundersame Methode ist das Brühen der frisch geschnittenen Blumenstiele. Dazu gießt man etwas kochendes Wasser in ein Gefäß und hält die Stengel etwa zehn Zentimeter tief für eine halbe Minute hinein. Das desinfiziert und erhöht die Fähigkeit der Pflanzen, Wasser aufzunehmen. Nicht nur bei Sonnenblumen, sondern selbst bei so zarten Pflanzen wie Kalifornischem Mohn wirkt diese Behandlung. Man muß allerdings aufpassen, daß die zarten Blütenblätter nicht vom Wasserdampf beschädigt werden.

Wie altrosa Seide wirken die Blütenblätter des Schmuckkörbchens (*Cosmos*). Die Blütensterne der Tabakpflanze (*Nicotiana*) sind eine passende Begleitung.

Einjährige zur Selbstaussaat

In dieser Rubrik sind Sommerblumen aufgelistet, die im Jahr ihrer Aussaat noch zur Blüte kommen und die leicht selbst zu ziehen sind. Das erfordert in der Regel keine besonderen Kenntnisse, allenfalls etwas Übung. Notiert man sich die Bedingungen wie Zeit, Ort, Temperaturen und den späteren Erfolg oder Mißerfolg, dann kann im nächsten Jahr nichts mehr schiefgehen. Die Investition in ein Samentütchen lohnt in jedem Fall. Einige der hier genannten Blumen wird man im Frühling sicherlich auch in einer guten Gärtnerei, auf dem Wochenmarkt oder im Blumengeschäft erhalten. Ob man sich für den problemlosen, etwas teuren Kauf oder für das Experiment der eigenen Anzucht entscheidet, ist aber nicht nur eine finanzielle Frage. Die Auswahl der fertigen Pflänzchen ist verständlicherweise begrenzt, eine große Vielfalt kann man nicht erwarten. Wer dagegen einmal in den Katalogen – auch aus anderen europäischen Ländern – der Saatgutfirmen blättert, der wird von der üppigen Auswahl der einzelnen Arten überrascht und von den Möglichkeiten der individuellen Farbzusammenstellung begeistert sein.
Oft sind dann bei der Bestellung der bunten Samentütchen „die Augen größer als der Garten“ und man weiß später nicht, wohin mit den kleinen Pflanzenkindern. Dagegen gibt es zwei Rezepte, die beide gut funktionieren: Entweder man sät jeweils nur die Hälfte des Inhalts der Tütchen aus, oder man verschenkt reichlich – die Anzahl der Gartenfreunde wird sprunghaft ansteigen.

Lobularia maritima 'Snow Cristals'

Alyssum, Duftsteinrich, Lobelie
Lobularia maritima (Alyssum maritimum)

Für viele ist sie nur unter dem Namen Alyssum – in angelsächsischen Ländern „Sweet Alyssum" – bekannt und der Inbegriff einer blaublütigen Pflanze für den Balkonkasten. Das ist jedoch nur eine der unzähligen Sorten und Möglichkeiten dieser Sommerblume aus Südafrika. Die Lobelie schäumt geradezu über den Beetrand, bedeckt den Fuß höherer Sträucher und fällt locker über die Kante des Balkonkastens. Nach einem Rückschnitt der ersten Blüte treibt sie noch einmal aus.

Höhe und Breite der ausgewachsenen Pflanze: H 8–15 cm, B 20–30 cm
Standort: sonnig bis halbschattig
Boden: durchlässige Gartenerde, nicht zu fett und eher kalkhaltig
Aussaat: ab Mitte April an Ort und Stelle oder ab März in kleine Torftöpfchen. Lichtkeimer (nicht bedecken). Keimtemperatur 18–24 °C, Keimdauer 8 Tage
Blütezeit: Juni bis Oktober
Verwendung: für Kästen, Schalen und Kübel. Als Unterpflanzung von Rosen.

Godetia amoena 'Monarch Dwarf mixed colours'

Atlasblume, Sommerfuchsie
Clarkia syn. *Godetia*

Klarkie und Godetie werden in manchen Samenkatalogen und Büchern als unterschiedliche Blumen behandelt. Neueste Publikationen, besonders aus dem englischsprachigen Raum, ordnen diese Blumen aber alle in der Familie *Onagraceae* unter *Clarkia* ein. Die Pflanze stammt aus Nordamerika. Die Klarkie ist eine wunderbare Sommerblume, die einfach auszusäen ist und durch ihre Höhe sehr imposant im Staudenbeet wirkt. Auch als Schnittblume ist sie unverzichtbar. Ihre Blüten sind trichterförmig, seidig gefältelt und reihen sich an den schlanken Stielen auf. Sie ist nicht nur in Weiß, Rosa und Rot, sondern auch zweifarbig in Weiß–Rot und in gefüllten Sorten zu haben.

Höhe und Breite der ausgewachsenen Pflanze: H 60 cm, B 30 cm
Standort: sonnig
Boden: durchlässig, mager
Aussaat: im März/April an Ort und Stelle, etwas einharken. Keimtemperatur 16–21 °C, Keimdauer 7 Tage, feucht halten. Später vereinzeln auf 15 bis 30 cm
Blütezeit: Juni bis September
Verwendung: als größere Gruppe im Staudenbeet. Gute Schnittblume

Lavatera trimestris 'Silver Cup'

Bechermalve
Lavatera trimestris

Die Malve gehört zu den ganz unproblematischen Einjährigen in unserem Garten. Mit Sand vermischt an Ort und Stelle ausgesät, braucht man sie kaum zu pikieren, und fast immer geht die Saat auf. Bechermalven stehen, ungefähr einen Meter hoch, mit ihren großen Blütenkelchen in kräftem Rosa oder Weiß wunderschön zwischen Stauden, und auch als Einzelgruppe wirken sie imposant. Die Pflanze kommt aus dem Mittelmeerraum und gehört zum Standardsortiment aller Blumensamenhändler. Die Suche nach der dunkelrosa *L. t.* 'Ruby Regis' lohnt sich.

Höhe und Breite der ausgewachsenen Pflanze: H ca. 100 cm, B 35 cm
Standort: sonnig
Boden: durchlässig
Aussaat: im April/Mai an Ort und Stelle. Nur leicht einharken. Keimtemperatur 18–21 °C, Keimdauer 10 Tage
Blütezeit: Juli bis September
Verwendung: hervorragende Schnittblume, in Gruppen guter Lückenfüller im Staudenbeet

Dianthus chinensis 'Baby Doll'

Chinanelke
Dianthus chinensis

Etwas anders als die europäische Gartennelke zeigt sich die Chinanelke. Ihre Blütenstände sind lockerer und die Petalen oft gefranst. In dieser Gruppe gibt es Hybriden mit prächtigen Farbspielen, zum Beispiel 'Raspberry Parfait' in Himbeerrosa mit karminroter Mitte. Sie stammen aus Japan und China, aber die angebotenen Kulturformen haben sich weit von ihren schlichten Ahnen entfernt. Jetzt gehören die gefüllten Chinanelken zu den elegantesten Prachtblumen im Garten, denen allerdings der Duft fehlt.

Höhe und Breite der ausgewachsenen Pflanze: H 15–30 cm, B 20 cm
Standort: sonnig
Boden: kalkhaltig
Aussaat: im Februar unter Glas. Lichtkeimer (nicht bedecken). Keimtemperatur 16–18 °C, Keimdauer 2–3 Wochen
Blütezeit: Juli bis September
Verwendung: gute Einfassung für Beete

Ipomoea tricolor 'Himmelblau'

Dreifarbige Prunkwinde
Ipomoea tricolor

Es gibt eine Reihe verschiedener Prunkwinden, aber die beliebtest ist sicherlich *I. tricolor* 'Heavenly Blue'. Sie imponiert sie mit ihren acht Zentimeter großen himmelblauen Blüten, die einen weißen Schlund mit einem Hauch von Gold besitzen. Die herzförmigen Blätter dieses raschwüchsigen Schlingers bedecken z. B. Drahtzäune auf das prächtigste. Verwandt mit unserer Ackerwinde, kam die einjährige Prunkwinde ursprünglich aus Mexiko.

HÖHE UND BREITE DER AUSGEWACHSENEN PFLANZE: H 300 cm, B 25 cm
STANDORT: sonnig
BODEN: durchlässig, mager
AUSSAAT: im April Samenkörner einweichen oder die harte Schale anritzen, möglichst in einzelne Torf- oder Papiertöpfchen aussäen. Bedecken. Keimtemperatur 18–24 °C, Keimdauer 10 Tage. Mitte Mai nach draußen pflanzen
BLÜTEZEIT: Sommer bis Herbst
VERWENDUNG: an Zäunen, vor Mauern (Draht spannen). Mehrere in einer Reihe auspflanzen, damit ein üppiger Effekt erzielt wird

Lathyrus odoratus

Duftwicke
Lathyrus odoratus

Sie wird auch wohlriechende Platterbse genannt, rankt reich verzweigt an Zäunen und Gittern empor und kann bis zu 2,5 Meter hoch werden. Wie kleine altmodische Sonnenhauben sitzen die Blüten mit durchscheinenden Petalen an zierlichen Stengeln und verströmen ihren zauberhaften Duft. *L. o.* stammt aus Südeuropa. Es gibt Züchtungen, die nicht mehr duften, aber der Wicken-Liebhaber wählt nur die parfümierten Varianten. Eine beliebte alte Sorte ist *L. o.* 'Painted Lady', duftend, mit rot-weißen Blüten.

HÖHE UND BREITE DER AUSGEWACHSENEN PFLANZE: H 20–250 cm, B 20 cm
STANDORT: sonnig
BODEN: gute Komposterde, feucht halten
AUSSAAT: im März Samenkörner einweichen oder die harte Schale anritzen, möglichst in einzelne Torf- oder Papiertöpfchen aussäen. Bedecken. Mitte Mai nach draußen pflanzen oder ab Mitte April an Ort und Stelle aussäen. Keimtemperatur 13–18 °C, Keimdauer 10 Tage
BLÜTEZEIT: Juni bis September
VERWENDUNG: sehr gute Schnittblume

Nemesia 'Carnival'

Elfenspiegel
Nemesia

Lange Zeit konnte man sie gar nicht bekommen, die kleinen altmodischen Blumen mit ihren flachen Gesichtern, die ein wenig an Stiefmütterchen erinnern. Sie tragen unzählige kleine Blüten an den verzweigten Stielen, und ihr Farbenreichtum ist betörend: Weiß, Gelb, Orange, Rot, Lila und Blau. Heute findet man eine große Auswahl an unterschiedlichen Züchtungen, und es macht Spaß, mit ihnen Balkonkästen, Schalen, Kübel und Beetränder zu schmücken. Einige von ihnen duften sogar.

HÖHE UND BREITE DER AUSGEWACHSENEN PFLANZE: H 20 cm, B 15 cm
STANDORT: sonnig
BODEN: durchlässig, gut gedüngt
AUSSAAT: ab April/Mai in Saatschalen. Lichtkeimer (nicht bedecken). Keimtemperatur 15–20 °C, Keimdauer 12 Tage. Entspitzen, um einen buschigen Wuchs zu fördern
BLÜTEZEIT: Juni bis September
VERWENDUNG: für Schalen, Töpfe und als Beeteinfassung

Amaranthus caudatus

Fuchsschwanz
Amaranthus caudatus

Spektakuläre Pflanze aus Ostindien mit herunterhängenden Blütenständen, die wie schlanke, wollige Quasten an den bis zu 1,20 Meter hohen kräftigen Stielen hängen. Entweder man liebt diese etwas exzentrische Blume, oder man kann sie nicht ausstehen: Gleichgültig läßt sie keinen. In England heißt sie „Love-lies-bleeding" (Verblutende Liebe) und in Frankreich „Queue-de-renard" (Fuchsschwanz) oder „Discipline de religieuses" (Nonnen-Peitsche!).
Es gibt nicht nur amaranthrote, sondern auch grüne (*A. c.* 'Viridis') und buntlaubige Formen (*A. tricolor* 'Joseph's Coat'). Die Blattfärbung ist in eher magerem Boden besonders schön.

HÖHE UND BREITE DER AUSGEWACHSENEN PFLANZE: H 60–120 cm, B mind. 30 cm
STANDORT: sonnig, warm
BODEN: kräftig, bei buntlaubigen Sorten eher mager
AUSSAAT: Mitte Mai an Ort und Stelle oder Anzucht im Saatkasten, Saat kaum bedecken. Keimtemperatur 21 °C, Keimdauer ca. 10 Tage, frostempfindlich
BLÜTEZEIT: Juli bis Oktober
VERWENDUNG: Mittelpunkt einer Kübelbepflanzung, Hintergrund im Staudenbeet

Impatiens balsamina

Gartenbalsamine
Impatiens balsamina

Diese raschwüchsige, dichtbuschige Einjährige stammt aus China. Sie gehört zur Familie der Balsamiceen, im Volksmund auch Rühr-mich-nicht-an genannt. Kindern macht es Spaß, wenn die samengefüllten Sporne bei der leisesten Berührung aufplatzen. Zwischen den lanzettlichen Blättern erscheinen die gefüllten Blüten. Eine feine Sorte ist *I. b.* 'Blackberry Ice' mit ihren großen, weißen Blüten, die teilweise purpurn gezeichnet sind. Sie wird 50 Zentimeter hoch. Aber es gibt auch niedrige Sorten in Farbmischungen von Weiß, Rosa, Rot und Violett.

HÖHE UND BREITE DER AUSGEWACHSENEN PFLANZE: H 20–50 cm, B 30–45 cm
STANDORT: sonnig, ausreichender Abstand zwischen den Pflanzen
BODEN: durchlässig, muß mit Dünger und Feuchtigkeit verpflegt werden
AUSSAAT: im März/April in Saatschalen. Lichtkeimer (nicht bedecken). Keimtemperatur 21–24 °C, Keimdauer 2 Wochen
BLÜTEZEIT: Sommer bis Frühherbst
VERWENDUNG: niedrige Sorten für Kästen, Schalen und Beetränder. Sonst im Staudenbeet

Papaver somniferum

Gartenmohn, Schlafmohn
Papaver somniferum

Dieser Mohn ist größer und robuster in der Erscheinung, als *P. rhoeas*. Die Blätter sind hellgrüngrau, gezähnt, und die Blüten erreichen zehn Zentimeter im Durchmesser. Es gibt rote, rosa, purpurfarbene und weiße Varianten, gefüllte und zweifarbige Formen. Aufregend ist *P. s.* 'Danebrog Laced': Die Petalen sind weiß, die Ränder blutrot und ausgefranst. Die reifen Samen enthalten 50 Prozent Öl und sind nicht giftig, sondern nährstoffreich und wohlschmekkend. Die Alkaloide, aus denen Opium gewonnen wird, kommen im Milchsaft der Pflanze vor.

HÖHE UND BREITE DER AUSGEWACHSENEN PFLANZE: H bis 150 cm, B 30 cm
STANDORT: sonnig
BODEN: durchlässig, mager
AUSSAAT: von März bis Mai an Ort und Stelle. Lichtkeimer (nicht bedecken). Keimtemperatur 13–18 °C, Keimdauer 10 Tage. Evtl. ausdünnen. Lassen sich nicht verpflanzen
BLÜTEZEIT: Mai bis August
VERWENDUNG: kurzlebige Schnittblume.

Dianthus superbus 'Feather Series'

Gartennelke
Dianthus caryophyllus

Nelken haben in der Gartengeschichte einen Stellenwert, der dem der Rose fast gleichkommt. Auf holländischen Blumenstilleben des 17. Jahrhunderts findet man sie, und ihr Duft war und ist Bestandteil vieler Parfüms. Sie stammen aus Südeuropa und sind ursprünglich krautartige, ausdauernde Pflanzen. Ein Apotheker züchtete im 19.Jahrhundert in Frankreich aus raschwüchsigen, italienischen Landnelken und großblumigen Remontantnelken die nach ihm benannte Chabaudnelke. Daraus wurde unsere Gartennelke, der duftende Liebling unserer Großmütter. Man erhält sie in Rot, Rosa, Weiß, Gelb und teilweise auch zweifarbig.

Höhe und Breite der ausgewachsenen Pflanze: H bis 60 cm, B 15 cm
Standort: sonnig
Boden: tiefgründig, nahrhaft
Aussaat: im Januar unter Glas. Lichtkeimer (nicht bedecken). Keimtemperatur 16–18 °C, Keimdauer 3 Wochen
Blütezeit: Juni bis August
Verwendung: sehr gute Schnittblume, für Topfkultur geeignet

Mimulus 'Magic Crimson'

Gauklerblume
Mimulus

Die Gaukler- oder Affenblume ist ein Braunwurzgewächs, das in vielen Ländern der gemäßigten Zone und der Subtropen vorkommt. Durch intensive Züchtung sind verschiedene Formen und Farben entstanden, und man kann sie deshalb sehr schön in Schalen, Kübeln oder am Rand des Blumenbeetes mit anderen Pflanzen kombinieren. Durch die kräftigen, gefleckten gelb-roten Farben mutet sie allerdings exotisch an, und sie ist deshalb nicht für jeden Standort geeignet. Die Gauklerblume verträgt Halbschatten.

Höhe und Breite der ausgewachsenen Pflanze: H 20 cm, B 20 cm
Standort: sonnig bis halbschattig
Boden: feucht!, gut gedüngt
Aussaat: im Februar/März in Schalen. Lichtkeimer (nicht bedecken). Erst 3 Wochen in den kältesten Teil des Kühlschranks stellen. Danach Keimtemperatur 18–21 °C, Keimdauer 8 Tage, erforderliche Lichteinwirkung 12 Stunden am Tag
Blütezeit: Juli bis September
Verwendung: Beeteinfassung, Töpfe

Cobaea scandens

Glockenrebe
Cobaea scandens

Diese prächtige Kletterpflanze ist in ihrer Heimat Mexiko eine ausdauernde Staude. Bei uns wird sie als Einjährige gezogen, aber selbst während dieser kurzen Lebensdauer kann sie im Sommer bis zu fünf Meter hoch klettern. Sie ist ein Selbstklimmer und deshalb gut an hohen Wandflächen, an Pergolen oder Zäunen zu gebrauchen. Ihre großen, glockenartigen Blüten sind in der Knospe gelblichgrün, später öffnen sie sich in Dunkellila. Es gibt auch eine *C. s.* 'Alba', deren Blüten grünlichweiß sind.

HÖHE UND BREITE DER AUSGEWACHSENEN PFLANZE: H bis 500 cm, B 45 cm
STANDORT: nicht zu sonnig, verlangt viel Wasser
BODEN: nahrhaft, feucht
AUSSAAT: Ende Februar in Töpfchen. Dunkelkeimer (bedecken). Keimtemperatur 18 °C, Keimdauer 2 Wochen. Mitte Mai ins Freie pflanzen
BLÜTEZEIT: Juni bis September
VERWENDUNG: als üppige Kletterpflanze an Zäunen, Wänden, Rankgittern, Bögen und Pergolen

Eschscholzia californica (Wildform)

Goldmohn, Kalifornischer Mohn
Eschscholzia californica

Schlafmützchen nennt man diese entzückende Sommerblume auch, denn sie schließt ihre Blütenblätter pünktlich um 16 Uhr. Orange, safran- und goldgelb leuchtet der Kalifornische Mohn in seinem Heimatland – so intensiv, daß die ersten Goldsucher beim fernen Anblick der blütenübersäten Bergwiesen in Jubelschreie ausbrachen, weil sie meinten, das gesuchte Glück läge schon vor ihnen. Seit 1890 ist *E. c.* sogar die Nationalblume Kaliforniens; ein russischer Naturwissenschaftler, Dr. Eschscholz, ist ihr Namensgeber. Im Garten besticht sie durch die klaren Farben – es gibt inzwischen auch rosa, rote und weiße Varietäten. Sie sät sich gerne selbst aus.

HÖHE UND BREITE DER AUSGEWACHSENEN PFLANZE: H ca. 30 cm, B 15 cm
STANDORT: sonnig
BODEN: mager
AUSSAAT: im März an Ort und Stelle, später auf 15 cm vereinzeln, sie lassen sich nicht umsetzen. Kaum bedecken. Keimtemperatur 16–18 °C, Keimdauer 8 Tage
BLÜTEZEIT: Juni bis Oktober
VERWENDUNG: im Vordergrund des Blumenbeetes, am Übergang von Rasen zu Wiese, aber auch in Kübelarrangements

Nigella damascena

Tropaeoleum majus 'Tip-Top-Alaska-Mixture'

Jungfer im Grünen
Nigella damascena

Schon früh ist dieses Hahnenfußgewächs aus dem Mittelmeergebiet nach Nordeuropa gekommen. Die Blume taucht auf botanischen Zeichnungen vergangener Jahrhunderte auf und ist aus einem Sommergarten nicht mehr wegzudenken. Ihr zarter Charme entsteht durch das lichte Blau, das fiedrige Laub und die gespornten Blüten. Es gibt sie auch in Weiß und Rosa, aber die hübschesten sind die ursprünglichen Mischungen aus Grünweiß bis Tiefblau. Die Samenstände sehen wie kleine Papierballons aus und sind eine Zierde im Herbst – außerdem sollte man aus diesen „Vorratsdosen" seine Saatkörner für das nächste Jahr auffangen.

Höhe und Breite der ausgewachsenen Pflanze: H 40 cm, B 15 cm
Standort: sonnig
Boden: durchlässig
Aussaat: im März an Ort und Stelle. Nur knapp bedecken. Keimtemperatur 13–18 °C, Keimdauer 2–3 Wochen, feucht halten. Pflanzen vereinzeln
Blütezeit: Juni bis September
Verwendung: zur Auflockerung im Blumenbeet. Gute Schnittblume

Kapuzinerkresse
Tropaeolum majus

Kein Sommer ohne Kapuzinerkresse. Ob aus dem Balkonkasten kaskadenartig herabfallend, am Gartenzaun emporrankend oder in adretten Tuffs im Blumenbeet und im Topf – immer ist sie dekorativ und heiter. Denn ihre Farbskala zwischen Vanillegelb und Rotbraun umschließt alle Sonnentöne. Nimmt man halbgefüllte Sorten, z. B. *T. m.* 'Cherry Rose Jewel', oder weißbuntes Laub, z. B. *T. m.* 'Tutti frutti', dann wird aus der südamerikanischen Kapuzinerkresse ein richtiges Spektakel. Sie ist noch dazu einfach auszusäen, man kann sie essen, und nur in ganz windstillen, stickigen Ecken machen sich Läuse auf ihr breit.

Höhe und Breite der ausgewachsenen Pflanze: buschige Sorten H 30–45 cm, B 30 cm; rankende Sorten H bis 250 cm
Standort: sonnig bis halbschattig
Boden: durchlässig, aber nicht zu trocken
Aussaat: im April in einzelne Torftöpfe – sie vertragen das Umpflanzen nicht – oder Anfang Mai an Ort und Stelle. Dunkelkeimer (bedecken). Keimtemperatur ca. 18 °C, Keimdauer 7 Tage
Blütezeit: Sommer bis Frühherbst
Verwendung: je nach Typ als Topf-, Kasten- und Kübelpflanze, am Beetrand oder an Zäunen und als Bodendecker

Papaver rhoeas 'Shirley Serie'

Klatschmohn, Seidenmohn
Papaver rhoeas

Aus dem einfachen Ackerunkraut hat die Blumenzüchtung ganz zauberhafte Gartenblumen hervorgebracht: einfache und halbgefüllte Sorten in zarten, seidigen Farbtönen mit eingeschnittenen Blättern, die behaart sind. Sie füllen freie Stellen im Blumenbeet auf und können Bestandteil einer dekorativen Sommerwiese sein. Die Mischung *P. r.* 'Mother of Pearl' kommt in einer delikaten Farbskala aus Zartgrau, Pastellblau, Lila, Pfirsich, Altrosa und Weiß daher. Ihr sollte eine Fläche im Beet an der Terrasse oder an einem Sitzplatz eingeräumt werden, denn die Fernwirkung dieser zarten Blumen ist gering.

Höhe und Breite der ausgewachsenen Pflanze: H bis 60 cm, B 10 cm
Standort: vollsonnig
Boden: durchlässig, mager
Aussaat: von März bis Mai an Ort und Stelle. Lichtkeimer (nicht bedecken). Keimtemperatur 13–18 °C, Keimdauer 10 Tage. Evtl. ausdünnen. Lassen sich nicht verpflanzen
Blütezeit: Juni bis August
Verwendung: Blumenwiese, Staudenbeet, aber auch allein in einem großen Topf. Verblüht in der Vase sehr schnell

Gaillardia pulchella

Kokardenblume
Gaillardia pulchella

Aus den südlichen Vereinigten Staaten kommt die frostempfindliche Variante unserer Gartenstaude. Sie ist eine hervorragende Sommerblume, deren brokatartige Farben Schwarzpurpur, Gold, Rot, Braun und Orange einen kräftigen Akzent in das Staudenbeet bringen. Vielleicht sind der Aufbau und die Blütenform etwas zierlicher als die der Staude, sonst aber sind sie leicht zu verwechseln.

Höhe und Breite der ausgewachsenen Pflanze: H ca. 50 cm, B 30 cm
Standort: sonnig, trocken
Boden: mager
Aussaat: im März in Saatschalen. Nur leicht bedecken. Ab Mitte Mai ins Freie pflanzen. Keimtemperatur 18–21 °C, Keimdauer 10 Tage
Blütezeit: Juli bis Herbst
Verwendung: sehr gute Schnittblume, starke Betonung einer sog. „hot border" – eines Beetes mit warmen Farben

Centaurea cyanus

Kornblume
Centaurea cyanus

Eine Erinnerung an hochsommerliche Tage vermittelt uns das Enzianblau der hohen Kornblume 'Blauer Junge'. Alle anderen Kultursorten, gefüllt, rosa, rot und sogar in Gelb mit Schokoladenduft (*C. moschata* 'Dairy Maid') kommen nicht an diese einfache Schönheit heran. Sie sind allesamt gute Schnittblumen und ausgesprochen anspruchslos. In größeren Gruppen zwischen anderen Stauden halten sie sich aufrecht – allerdings sollte man Verblühtes immer abknipsen, weil sie sonst schnell „vergammelt" aussehen.

Höhe und Breite der ausgewachsenen Pflanze: H 35 cm, B 5 cm
Standort: sonnig
Boden: durchlässig, mager
Aussaat: ab März an Ort und Stelle. Leicht bedecken. Keimtemperatur 18 °C, Keimdauer 8 Tage
Blütezeit: Juni bis September
Verwendung: Ein hübscher Trick ist das Mischen von Kornblumen- mit Karottensaat im Gemüsegarten. Die Reihen sind schnell sichtbar, weil die Blumensaat rasch aufgeht, und das Vereinzeln der roten Rübchen kann meistens entfallen. Kornblumen sind auch in größeren Mengen mit Margeriten (*Chrysanthemum maximum*) und Mohn (*Papaver rhoeas*) für eine Blumenwiese geeignet.

Linum grandiflorum 'Rubrum'

Lein
Linum grandiflorum

Eine elegante, schlanke Blume mit einer Fülle von einfachen, zarten Blüten, die erst in einer großen Gruppe malerisch wirkt. Sie stammt aus Nordafrika, und besonders das satte Rot des algerischen *L. g.* 'Rubrum' läßt an die kräftigen Farben dieser Region denken. Es gibt den Lein aber auch in Rosa und Weiß. Die einzelne Blüte hält sich nicht sehr lange, dafür bringt die Pflanze laufend neue hervor.

Höhe und Breite der ausgewachsenen Pflanze: H 45 cm, B 15 cm
Standort: sonnig
Boden: mager
Aussaat: im April/Mai an Ort und Stelle. Feucht halten und kaum bedecken. Keimtemperatur 16–21 °C, Keimdauer 10 Tage
Blütezeit: Juli bis Anfang Oktober
Verwendung: Lückenfüller im Beet

Matthiola incana

Antirrhinum majus 'Supreme Mischung'

Levkoje
Matthiola bicornis bzw. M. incana

Man unterscheidet die Abendlevkoje (*M. bicornis*) mit ihren einfachen, zartlila Blüten, die sich erst am Abend öffnen und einen betörenden Duft verströmen, von der teilweise gefüllten Levkoje (*M. incana*), welche in vielen Pastellfarben angeboten wird und ebenfalls stark – nach Nelken – duftet. Diese Blume gibt es schon seit einigen Jahrhunderten, sie stammt aus dem Mittelmeerraum und hat sich rasch bis in den Norden als einjährige Pflanze verbreitet. Man findet sie oft in Bauerngärten.

Höhe und Breite der ausgewachsenen Pflanze: M. b. H 40 cm, B 15 cm
M. i. H 50 cm, B 20 cm
Standort: sonnig
Boden: tiefgründig, gut gedüngt, feucht
Aussaat: im März in Saatschalen oder Mitte April an Ort und Stelle. Lichtkeimer (nicht bedecken). Keimtemperatur 18–21 °C, Keimdauer 12 Tage. Auf 15–20 cm Abstand vereinzeln
Blütezeit: Juni bis September
Verwendung: wunderbare Schnittblume. *M. b.* für Beetränder. Im Staudenbeet und besonders an der Terrasse des Duftes wegen

Löwenmaul
Antirrhinum majus

Beliebte Gartenblume. Drückt man die Blüte sanft in der Mitte zusammen, öffnet sie sich wie ein kleines Maul. Sät sich gerne selbst aus. Ursprünglich aus Sizilien und Südwesteuropa. Die Suche nach einfarbigen Sorten lohnt sich, denn die übliche Gartenmischung in Gelb/Rot ist schwer zu kombinieren. Besonders fein ist die reinweiße 'White Wonder' oder die pastellfarbene Zwergform *A. nanum* 'Peaches & Cream'.

Höhe und Breite der ausgewachsenen Pflanze: Zwergform H 30 cm, B 15 cm
Mittlere Form H 45 cm, B 20 cm
Hohe Form H 120 cm, B 35 cm
Standort: sonnig
Boden: mit Kompost gut vorbereiteter Boden, durchlässig
Aussaat: nicht sehr frostempfindlich, kann im April ins Freiland gesät werden. Bessere Ergebnisse allerdings beim Vorziehen in Saatschalen. Lichtkeimer (nicht bedecken). Keimtemperatur 18 °C, Keimdauer eine Woche. Auspflanzen schon vor den Eisheiligen möglich. Entspitzen, wenn die Pflanze ca. 10 cm hoch ist.
Blütezeit: Juni bis Oktober
Verwendung: füllen ideal die Lücken im Staudenbeet.

Coreopsis tinctoria 'Hohe Mischung'

Mädchenauge, Schöngesicht
Coreopsis tinctoria

Ursprünglich aus dem südlichen Nordamerika stammend, ist diese zierliche margeritenähnliche Blume inzwischen bei uns weit verbreitet. Ihre gelb-braun-roten Blüten sitzen auf dünnen, drahtigen Stengeln, und das spärliche Laub ist fein gefiedert. Sie hat große Ähnlichkeit mit ihrer Schwester, der sehr viel kräftigeren Staude *Coreopsis grandiflora*. Wenn man sie in großer Zahl zusammen mit Kornblumen aussät, entsteht ein unvergleichlich anmutiges Sommerbild.

Höhe und Breite der ausgewachsenen Pflanze: H ca. 50 cm, B 10 cm
Standort: sonnig
Boden: durchlässig, mager
Aussaat: Mitte Februar in Saatschalen, Anfang April an Ort und Stelle. Lichtkeimer (nicht bedecken). Keimtemperatur 13–18 °C, Keimdauer 14 Tage. Sie lassen sich gut verpflanzen.
Blütezeit: Sommer bis Spätherbst
Verwendung: kurze Sorten im Vordergrund des Staudenbeetes, gute Schnittblume

Limonium sinuatum 'Forever Blue'

Meerlavendel
Limonium

Es gibt verschiedene Sorten des *Limoniums* oder auch Strandflieders. Aber sie haben alle schmale, gezähnte Blätter mit gewelltem Rand und kleine, röhrenförmige Blüten in Rosa, Gelb oder Blau. Sie sind beliebte Pflanzen für den Trockenblumenstrauß; im Garten sind sie wegen der Farben schwierig zu kombinieren. Meerlavendel verträgt salzigen Seewind und kommt mit ganz mageren Böden zurecht. Es gibt auch Zwergsorten, die nur 20 Zentimeter hoch werden, z. B. 'Biedermeier Mixed'.

Höhe und Breite der ausgewachsenen Pflanze: H 45 cm, B 30 cm
Standort: sonnig
Boden: mager, kalkhaltig
Aussaat: ab Februar in Saatschalen. Saatgut mit Sand „abreiben“. Kaum bedecken. Keimtemperatur 16–21 °C, Keimdauer 10 Tage. In Töpfchen pikieren. Mitte Mai ins Freie pflanzen
Blütezeit: Juli bis Oktober
Verwendung: für Böschungen, im Steingarten. Zum Trocknen über Kopf aufhängen

Moluccella laevis

Muschelblume
Moluccella laevis

Diese krautartige Mittelmeerpflanze ist eine aparte Erscheinung, denn ihre – vermeintlichen – Blüten sind apfelgrün. Es sind aber die Kelchblätter, die glockenartig um die winzige weiße Blüte herum an dem einzelnen, 80 Zentimeter hohen Stiel aufgereiht sind. In Gruppen ergeben sie ein prächtiges Bild, und sie lassen sich gut mit hellblauen, zitronengelben oder blaßrosa Blumen kombinieren. Neuerdings bieten Blumengeschäfte sie als extravagante Schnittblume an.

Höhe und Breite der ausgewachsenen Pflanze: H 60–90 cm, B 30 cm
Standort: sonnig, windgeschützt
Boden: durchlässig, gut gedüngt
Aussaat: im Februar/März in einzelne Torftöpfchen, da sie sich nicht gut verpflanzen lassen. Lichtkeimer (nicht bedecken). Feucht halten. Keimtemperatur 16 °C, Keimdauer 2–4 Wochen. Das Saatgut kann man zwei Wochen vor Aussaat in den Kühlschrank legen. Auch Einweichen oder zartes Ankratzen ist hilfreich.
Blütezeit: Spätsommer
Verwendung: dekorative Gruppen im Staudenbeet, Schnittblume, Trockenblume

Scabiosa atropurpurea 'Black Knight'

Purpurskabiose
Scabiosa atropurpurea

Die Purpurskabiose ist eine sehr alte Kulturpflanze aus Südeuropa. Schon Anfang des 17. Jahrhunderts soll sie in Gärten verbreitet gewesen sein. Man nutzte sie damals zu medizinischen Zwecken, besonders gegen Hautkrankheiten, während sie heute wegen ihrer dunkelweinroten Farbe beliebt ist. Dieser Tönung verdankt sie in anderen Ländern auch den Namen Witwen-Blume. Es gibt noch eine *S. stellata* 'Paper Moon', deren Blütenköpfe lavendelfarbene Petalen haben und nach dem Ausblühen kugelrund und grünlich-bronzefarben sind.

Höhe und Breite der ausgewachsenen Pflanze: H bis 100 cm, B 25 cm
Standort: sonnig, windgeschützt
Boden: durchlässig, kalkhaltig
Aussaat: Ende März an Ort und Stelle. Kaum bedecken. Keimtemperatur 18 °C, Keimdauer 12 Tage. Im Mai auf 30 cm ausdünnen
Blütezeit: Juni bis September
Verwendung: als Schnittblume und zur Auflockerung im Staudenbeet und Blumencontainer

Calendula officinalis

Ringelblume
Calendula officinalis

Diese goldenen Sonnen – von Karamelfarben bis fast Weiß durchlaufen sie alle orangegelben Töne unserer Farbpalette – leuchten schon seit Jahrhunderten in unseren Gärten. Ihre Heimat ist Südeuropa. Sie sind winterhart, unempfindlich, anspruchslos und samen sich gerne selbst aus. Hat sich die Ringelblume erst eingelebt, wird man sie so schnell nicht wieder los. Sie wurde früher viel als Heilpflanze genutzt, gegen Zahnschmerzen, für das Herz und die Seele. Ringelblumensalbe hat eine schmerzstillende Wirkung bei kleineren Verletzungen und wird heute noch hergestellt.
Eine gute Schnittblume, die sich lange in der Vase hält. Es gibt inzwischen unzählige Kulturformen – auch gefüllte.

HÖHE UND BREITE DER AUSGEWACHSENEN PFLANZE: H 30–50 cm, B 20–45 cm
STANDORT: sonnig
BODEN: mager
AUSSAAT: an Ort und Stelle ab Februar bis Anfang Juni und im August/September für das nächste Jahr. Dunkelkeimer (bedecken). Keimtemperatur 13–18 °C, Keimdauer 8 Tage
BLÜTEZEIT: Mai bis Oktober
VERWENDUNG: als Schnittblume, im Staudenbeet und im Gemüsegarten

Gypsophila elegans

Schleierkraut
Gypsophila elegans

Aus dem Kaukasus kam diese liebliche Blume zu uns. In England wird sie poesievoll 'Babys Breath' genannt. Sie ist mit ihrem graziösen Habitus und den unzähligen weißen oder rosa Blüten ein beliebter Schmuck in jedem Blumenstrauß. Inzwischen gibt es sogar Züchtungen in Rosa, Dunkelrosa und Karminrot: *G. elegans* 'Improved Mix'. Das Schleierkraut ist einfach an Ort und Stelle zu säen und lockert das Staudenbeet als Lückenfüller auf reizvolle Weise auf.

HÖHE UND BREITE DER AUSGEWACHSENEN PFLANZE: H 40 cm, B 25 cm
STANDORT: luftig, sonnig
BODEN: mager und eher kalkhaltig
AUSSAAT: im März an Ort und Stelle, später ausdünnen auf 20 cm. Nur leicht bedecken. Keimtemperatur 13–18 °C, Keimdauer 2 Wochen
BLÜTEZEIT: Mai bis August
VERWENDUNG: gute Schnittblume

Iberis umbellata 'Flash Mixture'

Schleifenblume
Iberis umbellata

Für viele ist sie der Inbegriff von Sommerblumen. Jedes einzelne Samenkorn geht auf, man braucht sie nicht zu verziehen, und sie bilden ein kleines Blütenmeer aus pastellfarbenen, flachen Schirmchen, die aus einzelnen Petalen bestehen. Obendrein säen sie sich jahrelang wieder selbst aus und sind bei den Bienen beliebt. Für kleine Blumensträuße gibt es nichts Duftigeres, und in größeren Blumenkübeln geben sie eine schöne Unterpflanzung ab. *I. amara* hat weiße duftende Blüten und wird 30 Zentimeter hoch, während *I. umbellata* und *I. crenata* höchstens 20 Zentimeter erreichen.

HÖHE UND BREITE DER AUSGEWACHSENEN PFLANZE: H 20–30 cm, B 10 cm
STANDORT: sonnig
BODEN: durchlässig
AUSSAAT: im März/April an Ort und Stelle. Leicht bedecken. Keimtemperatur 13–18 °C, Keimdauer 10 Tage
BLÜTEZEIT: Juni bis August
VERWENDUNG: als Beeteinfassung, Unterpflanzung, in Blumenkästen, als Schnittblume

Cosmos bipinnatus

Schmuckkörbchen
Cosmos bipinnatus

Ende des 18. Jahrhunderts brachte eine Expedition aus Mexiko den Samen dieser zarten Sommerblume nach Europa, aber es dauerte, bis ihre wahren Möglichkeiten erkannt wurden. Man zog sie nämlich in zu nahrhafter Erde, die Blüten blieben klein und unscheinbar. Erst die Tatsache, daß die Kosmee bei „armen" Leuten in schlechtem Boden so prächtig wurde, sorgte für den Durchbruch: Hat sie es sonnig, aber mager, dann zeigt sie ihre blühwillige Eigenart. Inzwischen gibt es viele Kulturformen in Weiß, Rosa, Dunkelrot und eine niedrige *C. sulphureus* in Gelb und Gelbrot.

HÖHE UND BREITE DER AUSGEWACHSENEN PFLANZE: H 120 cm, B 15 cm, niedrige Sorten H 30 cm, B 25 cm
STANDORT: sonnig
BODEN: mager, nicht zu feucht
AUSSAAT: im April an Ort und Stelle. Nur leicht bedecken. Keimtemperatur 16–21 °C, Keimdauer 8 Tage
BLÜTEZEIT: Juli bis September
VERWENDUNG: schöne Schnittblume

Euphorbia marginata

Schnee auf dem Berge
Euphorbia marginata

Zur Aufhellung und Belebung in einer Blumenrabatte kommt diese buschige Einjährige gerade recht. Ihre Blüten sind klein und unscheinbar, aber das Laub ist weiß bzw. weiß-gerändert und macht den Eindruck von frischgefallenem Schnee auf einem grünen Strauch. *E. marginata* ist ein nordamerikanisches Wolfsmilchgewächs, ihr Pflanzensaft ist giftig. Deshalb muß man die Enden der Stiele in kochendes Wasser halten, wenn man sie als Schnittblume verwenden will, damit man mit der „Milch" nicht in Berührung kommt. Ihr weißlich-fahles Laub paßt besonders gut zu den kräftigen Farben von Zinnien. Die Sorte *E. m.* 'Summer Icicle' ist besonders attraktiv.

HÖHE UND BREITE DER AUSGEWACHSENEN PFLANZE: H 50 cm, B 30 cm
STANDORT: sonnig bis halbschattig
BODEN: durchlässig, mager
AUSSAAT: im April in den angewärmten Boden an Ort und Stelle. Leicht bedecken. Keimtemperatur 18–21 °C, keimt rasch. Mag nicht verpflanzt werden, deshalb später ausdünnen auf 30 cm
BLÜTEZEIT: ab Frühsommer bis zum Frost
VERWENDUNG: in Kübelpflanzenarrangements, im Staudenbeet

Thunbergia alata

Schwarzäugige Susanne
Thunbergia alata

Warum diese reichblühende Kletterpflanze Susanne heißt, ist nicht erklärbar – aber die Schwarzäugigkeit ist es. Der samtschwarze Punkt in der Mitte der safrangelben, cremefarbenen oder fast weißen Blüten ist faszinierend. Während ihres kurzen Lebens schafft sie es, fast drei Meter hoch zu klettern, und sie blüht dabei drei bis vier Monate lang. Ihre breiten hellgrünen Blätter sind sehr dekorativ und stehen dicht, so daß diese Blume einen guten Sichtschutz an einem Spalier bietet.

HÖHE UND BREITE DER AUSGEWACHSENEN PFLANZE: H bis 300 cm, B 20–40 cm
STANDORT: vollsonnig
BODEN: durchlässig, gut gedüngt, feucht halten
AUSSAAT: im März in einzelne Torftöpfchen stecken, Samen vorher einweichen. Keimtemperatur 18 °C, Keimdauer bis zu 4 Wochen. Auch die kleinen Pflanzen brauchen eine Stütze. Ab Mitte Mai ins Freie pflanzen
BLÜTEZEIT: Juni bis September
VERWENDUNG: an Spalieren, Zäunen und Rankobelisken. Aber auch in hängenden Blumenschalen, Balkonkästen oder Töpfen

Callistephus chinensis 'Nova Rose Rouge'

Sommeraster
Callistephus chinensis

Ein chinesischer Import aus dem 18. Jahrhundert, der aus unseren Gärten nicht mehr wegzudenken ist. Die zauseligen Blütenköpfe der Astern erinnern an Straußenfedern, aber es gibt auch pomponartige und einfache. Die Vielfalt der Kulturformen ist sehr groß und ihre Farbpalette ebenfalls: Von Weiß, Cremeweiß, Rosa, Rot, Blau und Lila bis hin zu buntgerändert ist alles zu haben. Sie sind unempfindlich, können etwas Frost vertragen, sollten aber trotzdem in Saatschalen vorgezogen werden. Anfang Mai können sie ins Freie.

HÖHE UND BREITE DER AUSGEWACHSENEN PFLANZE: H 20–80 cm, B 25 cm
STANDORT: sonnig
BODEN: durchlässiger, im Herbst gut vorbereiteter Boden. Tritt die sog. Asternwelke auf, faulen die Stiele, und die ganze Pflanze muß mit dem Wurzelballen entfernt werden.
AUSSAAT: ab März in Töpfe. Leicht bedecken. Keimtemperatur 18 °C, Keimdauer 8 Tage
BLÜTEZEIT: Mai bis September
VERWENDUNG: schöne Schnittblume

Phlox drummondii 'Twinkles Mixed Colours'

Sommerphlox
Phlox drummondii

Mit dem Staudenphlox hat diese Sommerblume nur die Blütenform und ihre Heimat Nordamerika gemeinsam. Die Größe des Sommerphlox – max. 30 Zentimeter hoch – und die sehr viel delikateren Farben unterscheiden die beiden ganz erheblich. Der Duft ist nur zart und das Erscheinungsbild zierlich. Entspitzt man die kleinen Sämlinge, dann erhält man buschige Beetpflanzen mit vielen Büscheln der sternförmigen Blüten, die vom Sommer bis in den Herbst hinein blühen. Ganz apart ist *Ph. d.* 'Phlox of Sheep'.

HÖHE UND BREITE DER AUSGEWACHSENEN PFLANZE: H 30 cm, B 20 cm
STANDORT: vollsonnig
BODEN: durchlässige gedüngte Gartenerde
AUSSAAT: im Februar/März unter Glas. Leicht bedecken. Keimtemperatur 18 °C, Keimdauer 20 Tage. In einzelne Torftöpfchen pikieren, da sie nicht gerne verpflanzt werden. Ende Mai ins Freie pflanzen
BLÜTEZEIT: Juni bis September
VERWENDUNG: für Schalen, Töpfe und Kästen. Im Vordergrund des Staudenbeetes

Delphinium consolida 'Blue Cloud'

Sommerrittersporn
Delphinium consolida

Der einjährige Rittersporn ist eine viel duftigere Erscheinung als sein ausdauernder Bruder, der Staudenrittersporn. Die lockere Fülle vieler kleiner Blüten erzeugt einen wogenden Schleier im Blumenbeet, wenn man ihn in größeren Gruppen ausgesät hat. Auch die Farben sind interessant: Karminrot, Steingrau oder Hellrosa umfaßt die Palette ebenso wie alle Blautöne und natürlich Weiß. Am bekanntesten ist der leuchtend mittelblaue *D. c.* 'Blue Cloud', der durch seine starke Verzweigung sehr hübsch in Blumensträußen wirkt.

HÖHE UND BREITE DER AUSGEWACHSENEN PFLANZE: H 50–100 cm, B 20 cm
STANDORT: sonnig, windgeschützt
BODEN: nährstoffreich
AUSSAAT: an Ort und Stelle im März oder Herbstaussaat. Nur leicht bedecken. Keimtemperatur 10–13 °C, Keimdauer 14 Tage. Feucht und dunkel halten
BLÜTEZEIT: Ende Mai bis Ende August
VERWENDUNG: Lückenfüller im Staudenbeet, gute Schnittblume

Helianthus annuus 'Full Sun'

Sonnenblume
Helianthus annuus

Ein Klassiker unter den Einjährigen ist die Sonnenblume. Auf ihren oft bis zu vier Meter hohen, behaarten Stielen trägt sie die großen Sonnen mit ihrer schwarz-braunen Mitte. Die Blüten sind schwer, und meistens muß man jede einzelne Pflanze an einem Stock aufbinden. Außer den bekannten hohen Sorten *H. a.* 'Giant Yellow' gibt es auch niedrige, *H. a.* 'Teddybär'. Die Farben reichen von Vanillegelb (*H. a.* 'Italian White') bis zu Braunschwarz (*H. a.* 'Velvet Queen'). Auch gefüllte Sonnenblumen gibt es auf dem Markt.

HÖHE UND BREITE DER AUSGEWACHSENEN PFLANZE: H 30–400 cm, B 40 cm
STANDORT: sonnig, windgeschützt
BODEN: gute Komposterde, kein zusätzlicher Dünger
AUSSAAT: im April an Ort und Stelle oder einzeln in Töpfen, um frühen Schneckenfraß zu verhindern. Dunkelkeimer (bedecken). Keimtemperatur 10–16 °C, Keimdauer 6 Tage
BLÜTEZEIT: Juli bis September/Oktober
VERWENDUNG: als Sichtschutz vor Zäunen und Mauern, Schnittblume (brühen)

Helipterum manglesii

Rudbeckia hirta (große Blüten)

Sonnenflügel
Helipterum

Aus Australien kommt der Sonnenflügel, eine strohblumenartige Pflanze. Sie ist im Wuchs etwas zierlicher als die Strohblume, und man erhält sie nur in Rosatönen, aber sie ist gleichfalls willkommen im Staudenbeet, als Schnittblume und getrocknet als Winterschmuck. Für alle Gartenspezialisten, die zarte, feine Farbabstufungen planen, ist der Sonnenflügel unentbehrlich.

HÖHE UND BREITE DER AUSGEWACHSENEN PFLANZE: H 30 cm, B 15 cm
STANDORT: sonnig
BODEN: durchlässig, mager
AUSSAAT: im März in Saatschalen oder im April an Ort und Stelle. Leicht bedecken. Keimtemperatur 18 °C, Keimdauer 10 Tage. Ausdünnen auf 20 cm
(Helichrysum bracteatum)
BLÜTEZEIT: Juli bis September
VERWENDUNG: Schnittblume, Beet und Kübel

Sonnenhut
Rudbeckia hirta

Im Spätsommer erfreut diese anspruchslose Blume aus Nordamerika mit ihren kräftigen goldgelben bis braunen Farben. Sie ist zierlicher als die Staude gleichen Namens. Es gibt inzwischen interessante Züchtungen, z. B. *R. h.* 'Kelvedon Star' mit sternförmiger brauner Zeichnung oder *R. h.* 'Green Eyes', die statt des dunkelbraunen Hutes eine grüne Mitte haben. Die Blumen werden von den Bienen geliebt und halten lange in der Vase. In einem Staudenbeet arrangiert man sie am hübschesten mit Ziergräsern und Großstauden mit Herbstaspekt.

HÖHE UND BREITE DER AUSGEWACHSENEN PFLANZE: H bis 100 cm, B 30 cm
STANDORT: vollsonnig
BODEN: durchlässig, gedüngt
AUSSAAT: im Februar/März in Saatschalen oder Anfang Mai an Ort und Stelle. Kaum bedecken. Keimtemperatur 18 °C, Keimdauer 8 Tage. Sie sind leicht zu verpflanzen, deshalb lohnt die Vorzucht im Haus.
BLÜTEZEIT: Hochsommer bis Herbst. Entfernen der verwelkten Blüten verlängert die Blütezeit.
VERWENDUNG: schöne Schnittblume und dekorative Ergänzung in einer Spätsommerrabatte

Cleome spinosa 'Cherry Queen'

Spinnenpflanze
Cleome spinosa

Eine sehr attraktive Beetpflanze in Weiß und Rosatönen, die wegen ihrer großen, aber filigranen Blütenköpfe geschätzt wird. Die Blumen lockern mit ihren weit herausstehenden Staubfäden kompakte Bepflanzungen auf und sind auch für die Vase ein außergewöhnlicher Schmuck. Vorsicht aber beim Schneiden, die Spinnenpflanze hat tückische Dornen zwischen Seitentrieb und Hauptstiel. Schöne Sorten sind 'Rosakönigin' und die weiße 'Helen Campbell'.

HÖHE UND BREITE DER AUSGEWACHSENEN PFLANZE: H bis 150 cm, B 30 cm
STANDORT: sonnig bis halbschattig
BODEN: durchlässig
AUSSAAT: Mitte Februar in Töpfchen, nur leicht bedeckt. Mit Klarsichtfolie verschließen und 2 Wochen an den kältesten Platz im Kühlschrank stellen. Danach beträgt die Keimtemperatur 18 °C. Keimdauer 8 Tage. Abhärten und Ende Mai ins Freiland
BLÜTEZEIT: Juni bis Oktober
VERWENDUNG: im Staudenbeet, aber auch als Mittelpunkt einer Kübelbepflanzung

Helichrysum bracteatum

Strohblume
Helichrysum bracteatum

Sie heißen auch Immortellen, die hübschen, büscheligen Blumen, die in Australien beheimatet sind. Von krautartigem Wuchs und mit länglichen Blättern schmücken sie im Sommer Blumenkästen und Beete mit ihren leuchtenden Farben in Rot (*H. b.* 'Hot Bikini'), Orange, Mauve, Gelb und Weiß. Wenn sie ganz ausgereift sind, ist die Textur der Blüten papierartig und getrocknet – zwei bis drei Wochen über Kopf aufgehängt – halten sie sich monatelang. Aber auch frisch geschnitten für die Vase ist die Strohblume bestens geeignet.

HÖHE UND BREITE DER AUSGEWACHSENEN PFLANZE: H 20–100 cm, B 10 cm
STANDORT: sonnig
BODEN: durchlässig
AUSSAAT: wie beim Sonnenflügel (*Helipterum*)
BLÜTEZEIT: Juli bis Oktober
VERWENDUNG: als Schnittblume und als Lückenfüller im Staudenbeet

Tagetes patula

Studentenblume
Tagetes

Sie wird auch Sammetblume genannt und gehört zum Standardsortiment des Blumenhandels. Dabei gerät schnell in Vergessenheit, was die Art *Tagetes* aus Mexiko an Vielfalt zu bieten hat: unter anderem auch zierliche, kleinblütige Sorten wie *T. tenuifolia* 'Lemon Gem', die ganz einfach an Ort und Stelle auszusäen sind und hellgelbe, gerüschte Ballons der Sorte *T. erecta* (z. B. 'Moonbeam') mit einem Blütendurchmesser von zehn Zentimetern.

HÖHE UND BREITE DER AUSGEWACHSENEN PFLANZE: *T. erecta* H 30–100 cm, B 35 cm, *T. tenuifolia* H 20 cm, B 20 cm
STANDORT: sonnig
BODEN: durchlässig, aber nicht trocken, gut gedüngt
AUSSAAT: im Februar unter Glas. Kaum bedecken. Keimtemperatur 20 °C, Keimdauer 7 Tage. Pikieren, abhärten und Mitte Mai ins Freie pflanzen. *T. tenuifolia* auch in Reihen ab Ende April an Ort und Stelle aussäen, feucht halten, kaum bedecken, ausdünnen
BLÜTEZEIT: Sommer bis in den Herbst
VERWENDUNG: Balkonkasten, Beetränder, Einfassungen

Convolvulus tricolor 'Blue Ensign'

Trichterwinde
Convolvulus tricolor

Schon auf den Blumenstilleben der holländischen und flämischen Maler des 17. Jahrhunderts ist die himmelblaue Trichterwinde zu bewundern. In Frankreich heißt sie „Belle-de-jour“ – die Schöne des Tages –, weil sie nachts, aber auch bei schlechtem Wetter ihre hübschen Blüten zu einem schmalen Zopf verschließt. Bei uns hat sie den Beinamen „Teppichwinde“, denn ihr Wuchs drängt nicht nach oben, sondern in die Breite. Die Trichterwinde aus dem Mittelmeerraum erscheint in vielen Farbvariationen: Azurblau, Blau-Weiß, aber auch Rot und Rosa mit gelbem Schlund. Sie ist anspruchslos, allerdings ist das Vereinzeln auf 20 bis 25 Zentimeter wichtig, damit sie sich ausbreiten kann.

HÖHE UND BREITE DER AUSGEWACHSENEN PFLANZE: H 20 cm, B bis 100 cm
STANDORT: sonnig
BODEN: durchlässig
AUSSAAT: ab April an Ort und Stelle oder in einzelnen Töpfen. Bedecken. Keimtemperatur 18 °C, Keimdauer 10 Tage. Läßt sich schlecht verpflanzen
BLÜTEZEIT: Juli bis September
VERWENDUNG: Bodendecker, auch zwischen Stauden. Hängt schön aus Schalen und über den Rand großer Töpfe herab

Salpiglossis sinuata

Trompetenzunge
Salpiglossis

Die Petalen der Trompetenzunge, auch Brokatblume genannt, sind ganz fein geädert, das verleiht den trichterartigen Blüten ihren besonderen Reiz. Ursprünglich aus Chile, wird die Pflanze in Nordeuropa als Sommerblume gezogen, und es gibt inzwischen großartige Farbmischungen in schillerndem Glanz. Aber sie ist sehr empfindlich, und ein kalter, nasser Sommer wirft sie völlig um. Damit ihre feine Erscheinung gut zur Geltung kommt, ist sie in Schalen, Kübeln oder am Rande der Terrasse am besten aufgehoben. Im Staudenbeet geht ihre Wirkung verloren.

HÖHE UND BREITE DER AUSGEWACHSENEN PFLANZE: H bis 60 cm, B 25 cm
STANDORT: vollsonnig, geschützt
BODEN: durchlässige, gute Komposterde
AUSSAAT: im März unter Glas. Nur leicht bedecken. Oder in günstigen Lagen im April an Ort und Stelle. Keimtemperatur 20 °C, Keimdauer 12 Tage. Langsam abhärten. Mitte Mai ins Freie pflanzen
BLÜTEZEIT: Juni bis September
VERWENDUNG: allein in einem großen Topf oder in einer gemischten Kübelbepflanzung. Evtl. am Rand des Blumenbeetes. Mit Reisig stützen

Ziersalbei
Salvia

Die Art der Salvien umfaßt eine große Anzahl verschiedenster Pflanzen. Außer dem Küchenkraut *S. officinalis* gibt es weitere, relativ frostunempfindliche Halbsträucher und Stauden. Bei den einjährigen Ziersalvien ist wohl der feuerrote *S. splendens* mit seinen aufrechten Trauben aus kleinen zweilippigen, röhrenförmigen Blüten am bekanntesten – und er hat den Ruf dieser Familie ziemlich ruiniert. In jeder öffentlichen Grünanlage protzt er mit seinen grellen Farben; man bekommt ihn in jedem Blumengeschäft. Hier sollen dagegen drei Sorten Salvien vorgestellt werden, bei denen sich die eigene Aussaat und Anzucht lohnen.

Salvia farinacea 'Victoria'

Mehlige Salvie
Salvia farinacea

Aufrechte schlanke Ähren, weißsilbrig überpudert, aus denen später die kleinen Lippenblüten in Dunkelblau hervorschauen: so empfiehlt sich dieser Ziersalbei aus Texas. Er ist ein dekorativer Mittelpunkt in einer Kübelbepflanzung und reizvoll in einer Gruppe im Staudenbeet. Eine Steigerung seiner Merkmale bringt *S. f.* 'Alba' mit weißen Blüten.

Höhe und Breite der ausgewachsenen Pflanze: H 60 cm, B 30 cm
Standort: sonnig
Boden: durchlässig, Komposterde
Aussaat: im März in Saatschalen, Lichtkeimer (nicht bedecken). Keimtemperatur 18–24 °C, Keimdauer 14 Tage. Pikieren, abhärten und nach dem letzten Frost ins Freie pflanzen
Blütezeit: Juni bis Oktober
Verwendung: Kübelbepflanzung, zwischen Stauden und als Schnittblume

Salvia horminum

Salvia viridis (S. horminum)

Ein ganz anderer Typ ist dieser Ziersalbei, der an Ort und Stelle im Frühjahr ausgesät wird und halbhohe, bunte Teppiche bildet. Nicht seine Blüten sind der augenfällige Reiz, sondern die papierartigen Hüllblätter in Lila, Purpur, Rot, Rosa und Weiß – aber nicht Grün, wie der Name *viridis* vermuten ließe.

HÖHE UND BREITE DER AUSGEWACHSENEN PFLANZE: H 40 cm, B 20 cm
STANDORT: sonnig
BODEN: durchlässig
AUSSAAT: im März an Ort und Stelle. Kaum bedecken. Keimtemperatur 18–24 °C, Keimdauer 7 Tage. Ende April ausdünnen auf 30 cm
BLÜTEZEIT: Ende Mai bis September
VERWENDUNG: flächig im Vordergrund des Staudenbeetes. Gute Folgepflanze nach Frühjahrszwiebeln, da sie das vergilbende Laub verdeckt

Salvia patens

Salvia patens

In ihrem Heimatland Mexiko ist diese Pflanze eine Staude, bei uns wird sie einjährig gezogen. Wer einmal das leuchtende Enzianblau der großen Lippenblüten in seinem Garten bewundern konnte, wird nie wieder darauf verzichten wollen. Man muß dieser Blume einen gut sichtbaren, freien Standort bereiten, damit sie ihre Wirkung entfalten kann.

HÖHE UND BREITE DER AUSGEWACHSENEN PFLANZE: H 40–60 cm, B 45 cm
STANDORT: sonnig
BODEN: durchlässige Komposterde
AUSSAAT: wie bei *Salvia farinacea*
BLÜTEZEIT: Spätsommer bis in den Herbst
VERWENDUNG: als Lückenfüller im „blauen" Staudenbeet. In Kübelarrangements. Gute Schnittblume

Nicotiana sylvestris

Ziertabak
Nicotiana

Meistens wird der kleine *N. x sanderae* (Domino-Serie) angeboten. Oftmals unbekannt sind jedoch die anderen Sorten des Ziertabaks. *N. langsdorffii* z. B. ist ein filigraner Strauch, an dem viele grüngelbe Glöckchen hängen. *N. sylvestris* hat breite grüne Blätter und weiße, röhrenförmige Blüten, die stark duften. Noch betörender ist der nächtliche Duft von *N. affinis* (*N. alata*).

HÖHE UND BREITE DER AUSGEWACHSENEN PFLANZE: *N. x s.* H 30 cm, B 30 cm,
N. l. H 100 cm, B 30 cm,
N. s. H 150 cm, B 35 cm,
N. a. H 75 cm, B 30 cm
STANDORT: sonnig bis halbschattig. N. s. auch lichter Schatten
BODEN: durchlässig bis feucht, gut gedüngt
AUSSAAT: im März in Schalen. Lichtkeimer (nicht bedecken). Keimtemperatur 18–21 °C, Keimdauer 20 Tage. Pikieren. Nach den Eisheiligen ins Freie pflanzen
BLÜTEZEIT: Sommer bis Herbst. *N. s.* Spätsommer
VERWENDUNG: die niedrigen Sorten in Kästen und Kübeln, die hohen im Staudenbeet oder als Solitäre in großen Töpfen

Zinnia elegans 'Froggy'

Zinnie
Zinnia elegans

Diese Blume kommt aus Mexiko. Die außergewöhnlichen, kräftigen Farben verraten ihre Heimat. Ihren Namen erhielt sie von Johann Gottfried Zinn, einem Göttinger Professor der Biologie im 18. Jahrhundert. Damals gab es nicht annähernd so viele Sorten wie heute. Jetzt kann man zwischen Zwergformen, z. B. *Z. e.* 'Thumbelina Prachtmischung', hohen Schnitt- und Gartenzinnien, z. B. 'Oklahoma' oder Ruffles F_1-Hybriden, gefüllten und einfachen Sorten wählen. Sehr elegant ist die chartreuse-grüne *Z. e.* 'Envy Double'.

HÖHE UND BREITE DER AUSGEWACHSENEN PFLANZE: H 20–60 cm, B 30 cm
STANDORT: sonnig, geschützt
BODEN: gut gedüngt, durchlässig, aber nicht trocken
AUSSAAT: im April in den erwärmten Boden an Ort und Stelle. Leicht bedecken. Feucht halten. Keimtemperatur ca. 18 °C, Keimdauer 12 Tage. Später auf 20 cm ausdünnen. Entspitzen fördert buschigen Wuchs. Auf genügend Feuchtigkeit achten, aber immer nur unten gießen. Wenn die Blätter naß werden, entwickeln sie leicht Mehltau.
BLÜTEZEIT: Juli bis September
VERWENDUNG: gute Schnittblume. Reizvoll im Staudenbeet, wenn die Farben passen

Zweijährige

Vorige Seite: Hier sitzt man von Blumenduft umgeben. Die Duftwicken (*Lathyrus*) verströmen ihr Parfüm am Tage, der Ziertabak (*Nicotiana alata*) am Abend.

Diese Sommerblumen sollten im Jahr vor ihrer Blüte ausgesät werden. Manche bilden allerdings auch bei Frühjahrsaussaat im gleichen Jahr Knospen aus, die dann sehr spät aufblühen.

Eine altbewährte Methode, die bei den robusten Zweijährigen wie Bartnelke, Fingerhut und Stockrose funktioniert, ist das Ausschütteln der reifen Samen aus der verblühten Pflanze an Ort und Stelle. Manchmal wird man dann im nächsten Jahr von anderen Farben überrascht. Wer also den weißen Fingerhut oder die blutrote Stockrose wieder erwartet, der sollte eine entsprechende Samentüte kaufen.

Bei der Aussaat muß sorgfältig auf die geeignete Keimtemperatur geachtet werden, oft ist die Sommerhitze ein Grund, warum die Saat nicht „aufläuft“. Außerdem besteht die Gefahr zu großer Trockenheit. Wenn die Samen nach dem Keimen austrocknen, sterben sie ab. Eine Wiederbelebung ist nicht möglich.

Auch von den hier aufgeführten Blumen werden einige vorgezogen im Frühjahr in Gärtnereien oder auf dem Markt angeboten. Darauf kann man zurückgreifen, wenn man im vergangenen Jahr vergessen hat, sie rechtzeitig auszusäen. Aber hier gilt wie auch bei den „Einjährigen“, daß es keine große Sortenvielfalt gibt und die Möglichkeiten durch Selbstanzucht unübertroffen bleiben.

Die Blüten des zierlichen Islandmohns (*Papaver nudicaule*) halten nur kurze Zeit. Aber jeden Tag geht eine neue Knospe auf.

Dianthus barbatus

Bartnelke
Dianthus barbatus

In England wird sie 'Sweet William' genannt, vermutlich nach dem heiligen Wilhelm von Aquitanien, und „sweet" ist ihr Duft auf jeden Fall. Die Bartnelke ist seit dem 12. Jahrhundert bekannt, wobei unklar ist, woher sie stammt. Die kleinen Einzelblüten sitzen in dichten Büscheln beieinander, und ihre Farben variieren zwischen Purpur, Rosa und Magenta – fast immer mit einer weißen Zeichnung und einem weißen Auge. Ganz neu ist die Züchtung *D. b.* 'Sooty' mit weinroten-kastanienbraunen Blüten, die eine zarte weiße Färbung in der Mitte und rote Stiele haben.

HÖHE UND BREITE DER AUSGEWACHSENEN PFLANZE: H 45 cm, B 20–30 cm
STANDORT: sonnig
BODEN: durchlässig, alkalisch, gedüngt
AUSSAAT: im Mai/Juni ins Freiland. Kaum bedecken. Keimtemperatur 16–18 °C, Keimdauer 10 Tage. Später auf 20 cm Abstand verpflanzen. Im Oktober an ihren endgültigen Standort pflanzen. Entspitzen fördert buschigen Wuchs und bringt mehr Blüten. Im Winter dürfen sie nicht zu naß stehen.
BLÜTEZEIT: Mai bis Juli
VERWENDUNG: nahe am Haus, an der Terrasse, damit man den Duft genießen kann. Gute Schnittblume

Digitalis purpurea

Fingerhut
Digitalis purpurea

Der Fingerhut ist eine der wenigen Sommerblumen, die auch im Schatten bzw. Halbschatten gedeihen. Wenn man die Sorte *D. p.* 'Alba' auswählt, werden die dunkleren Ecken des Gartens wie mit Kerzen ausgeleuchtet. Ursprünglich ist diese heimische Pflanze aber rosa-lila gefärbt, und manche andersfarbige Züchtung fällt nach ein paar Jahren wieder zurück. Dann muß neues Saatgut gekauft werden, ansonsten läßt es sich im Hochsommer von den verblühten Kapseln leicht selbst gewinnen. Die ganze Pflanze ist giftig. Das in ihr enthaltene Digitalin wird in kleinen Dosen immer noch als Herz-Therapeutikum genutzt.

HÖHE UND BREITE DER AUSGEWACHSENEN PFLANZE: H 100 cm, B (der grundständigen Blattrosette) bis 60 cm
STANDORT: halbschattig (verträgt auch Schatten bzw. Sonne)
BODEN: durchlässig, Komposterde
AUSSAAT: im Mai/Juni ins Freiland oder in einzelne Töpfchen. Lichtkeimer (nicht bedecken). Keimtemperatur 16 °C, Keimdauer 12 Tage. Ausdünnen bzw. pikieren. Im Oktober an den Ort verpflanzen, an dem sie blühen soll.
BLÜTEZEIT: Frühsommer
VERWENDUNG: in der Staudenrabatte, am Gehölzrand, unter Bäumen. Schöne Schnittblume

Reseda odorata

Gartenresede
Reseda odorata

Ihre Beliebtheit über Jahrhunderte hinweg verdankt diese Sommerblume aus Nordafrika allein ihrem ungewöhnlich starken Duft. Die winzigen Blüten dieser krautartigen Pflanze sind grünlichgelb bis rot und sitzen an einzelnen Rispen kolbenartig über dem dekorativen Laub. Die Resede kommt als Beeteinfassung oder in einem Kübelarrangement zur Geltung. Bewährt und bekannt ist die Sorte *R. o.* 'Fragrant Beauty'.

Höhe und Breite der ausgewachsenen Pflanze: H 30 cm, B 30 cm
Standort: sonnig
Boden: humose, durchlässige Gartenerde – eher kalkhaltig
Aussaat: im Herbst an Ort und Stelle ins Freiland. Lichtkeimer (nicht bedecken). Keimtemperatur 16–21 °C, Keimdauer 14 Tage. Feucht halten. Später ausdünnen. Reseden mögen nicht gerne verpflanzt werden. Eine Kultur in einzelnen Torftöpfchen ist ebenfalls möglich. Winterschutz mit Folientunnel oder Reisig
Blütezeit: Juni bis September
Verwendung: Containerpflanze, Beeteinfassung. Gute Schnittblume

Cheiranthus cheiri

Goldlack
Cheiranthus cheiri

Ein wunderbarer Frühlingsbote ist der Goldlack mit seinen warmen Farben – Safrangelb, Rostrot, Aubergine und Braun – und seinem würzigen Duft. Seit Jahrhunderten ist diese Pflanze aus Südeuropa bekannt. Ihre Blüten sitzen in aufrechten Trauben über schmalen, lanzettlichen Blättern; die altmodischen, gefüllten Formen wirken etwas unordentlich. Wenn man Glück hat, findet man einfarbige Sorten, z. B. *C. c.* 'Blood Red'. Ähnlich ist *Erysimum*, und sie werden oft zusammen genannt. Eine besonders aparte Züchtung ist *E. linifolium* 'Bowles Mauve' mit grauem Laub und dunkelvioletten Blüten.

Höhe und Breite der ausgewachsenen Pflanze: H 60 cm, B 35 cm
Standort: sonnig
Boden: durchlässig, eher kalkhaltig und sandig
Aussaat: im Mai/Juni ins Freiland. Kaum bedecken. Keimtemperatur 18 °C, Keimdauer 7 Tage. Ausdünnen. Entspitzen. Im Spätsommer dorthin setzen, wo sie im nächsten Jahr blühen sollen.
Blütezeit: Frühjahr
Verwendung: im Vordergrund des Blumenbeetes, in Kübeln und als Unterpflanzung von Sträuchern. Schnittblume

Viola-Cornuta 'Vier Jahreszeiten'

Hornveilchen
Viola-Cornuta-Hybriden

Aus den Pyrenäen stammen diese kleinen, buschigen Violen. Sie sind nicht so groß wie Stiefmütterchen, aber als Topfpflanze oder Beetbegrenzung nicht minder attraktiv. Hornveilchen sind eigentlich Stauden, aber ihre kompakte Wuchsform verliert sich schnell, deshalb sollte man sie immer wieder aussäen. Es gibt sehr reizvolle Züchtungen: die samtschwarze *V. c.* 'Bowles Black', eine himmelblaue 'Blue Shades' und *V. sororaria* 'Freckles' – ein bläulich-weißes Veilchen mit violetten Punkten.

Höhe und Breite der ausgewachsenen Pflanze: H 12–20 cm, B 20 cm
Standort: sonnig, halbschattig
Boden: durchlässig, vor Trockenheit schützen
Aussaat: von Mai bis Juli an einem feuchten, schattigen Platz ins Freiland. Kaum bedecken. Keimtemperatur 13–18 °C, Keimdauer 12 Tage. Auf 25 cm Abstand verziehen und im Herbst dorthin pflanzen, wo sie im nächsten Jahr blühen sollen. Manchmal säen sie sich selbst aus.
Blütezeit: Mai bis Oktober
Verwendung: Beeteinfassungen, Töpfe

Papaver nudicaule

Islandmohn
Papaver nudicaule

Ein festlicher Beetschmuck ist der Islandmohn. Seine Farben variieren in delikater Abstufung von Weiß über Gelb, Orange, Rosa bis zu Tomatenrot. Die kleinen Knospen sind behaart, und die zarten Blütenblätter entfalten sich wie japanisches Seidenpapier. Er läßt sich im Gegensatz zu den anderen Mohnarten gut als Schnittblume verwenden, wenn man ihn knospig schneidet. Er macht sich auch gut, wenn man ihn ganz allein in einem großen Blumenkübel aussät.

Höhe und Breite der ausgewachsenen Pflanze: H 30–50 cm, B 15 cm
Standort: sonnig
Boden: durchlässig
Aussaat: von April bis Juni oder im September (sie keimen nicht, wenn es zu warm ist) im Freiland aussäen. Lichtkeimer (nicht bedecken). Keimtemperatur 18 °C, Keimdauer 12 Tage. Auf 15 cm ausdünnen und im Herbst bzw. Frühjahr – je nach Aussaat – dorthin setzen, wo sie blühen sollen. Sie lassen sich nicht gut verpflanzen, deshalb ist eine Aussaat in einzelnen Torftöpfen ratsam.
Blütezeit: Juni bis September
Verwendung: als Lückenfüller im Staudenbeet, als Schnittblume

Campanula medium

Marienglockenblume
Campanula medium

Die großen, dicht an dicht sitzenden Glocken dieser Sommerblume haben nichts mit unserer zierlichen Feldglockenblume gemein. Die Marienglockenblume ist eine auffallende Erscheinung im sommerlichen Blumenbeet und braucht einen exponierten Platz. Rosa, Weiß und Hellblau sind ihre Farben, und man findet sie in jeder englischen „mixed border" – der breiten Blumenrabatte unserer britischen Nachbarn.

HÖHE UND BREITE DER AUSGEWACHSENEN PFLANZE: H bis 90 cm, B 30 cm
STANDORT: sonnig
BODEN: gut gedüngt, durchlässig, feucht halten
AUSSAAT: im Mai/Juni an Ort und Stelle. Lichtkeimer (nicht bedecken). Feucht halten. Keimtemperatur 16–21 °C, Keimdauer 10 Tage. Im Spätsommer vereinzeln bzw. an ihren endgültigen Ort pflanzen
BLÜTEZEIT: Juni bis August. Abschneiden der verblühten Stiele fördert zweiten Flor
VERWENDUNG: in der Staudenrabatte. Gute Schnittblume

Lunaria annua

Silberling
Lunaria annua

Diese zweijährige Blume wird hauptsächlich wegen ihrer silbrig glänzenden Samenschoten angepflanzt, denn ihre lila oder weißen Blüten an den verästelten Zweigen sind nicht besonders attraktiv. Der Silberling läßt sich gut schneiden und ist ein wunderhübscher Schmuck im Herbststrauß und auch als Trockenblume interessant. Er sät sich gerne selbst aus und kommt sogar mit Halbschatten zurecht. Die Sorte *L. a.* 'Alba variegata' hat weiß-panaschiertes Laub und weiße Blüten.

HÖHE UND BREITE DER AUSGEWACHSENEN PFLANZE: H bis 80 cm, B 30 cm
STANDORT: sonnig bis halbschattig
BODEN: mager oder Komposterde, feucht
AUSSAAT: im Spätsommer ins Freiland. Kaum bedecken. Keimtemperatur 16–21 °C, Keimdauer 7 Tage. Ausdünnen und im zeitigen Frühjahr an die Stelle setzen, wo sie blühen sollen. Säen sich später gerne selbst aus
BLÜTEZEIT: April bis Juni
VERWENDUNG: am Gehölzrand, unter Bäumen. Gute Schnittblume im August, wenn die Samenkapseln ausgereift sind

Viola wittrockiana

Stiefmütterchen
Viola wittrockiana

Stiefmütterchen bekommt man im Frühjahr in jedem Blumengeschäft, auf dem Markt und in Gärtnereien. Trotzdem sind sie in dieser Rubrik aufgeführt, denn es gibt bei den Samenhändlern Farben und Formen, die nicht als Pflanzen angeboten werden. Die eigene Anzucht lohnt für besondere Varietäten, z. B. die elegante Mischung *V. x w.* 'Imperial Antique Shades' mit ihren warmen Pastelltönen oder die dunkelpurpurblaue *V. x w.* 'Rippling Waters' mit dem breiten weißen Rand.

Höhe und Breite der ausgewachsenen Pflanze: H 20 cm, B 20 cm
Standort: sonnig bis halbschattig
Boden: Komposterde, feucht
Aussaat: von Mai bis Juli ins Freiland, kaum bedecken. Keimtemperatur 18 °C, Keimdauer 12 Tage. Feucht halten. Pikieren bzw. auf 22 cm ausdünnen und im Herbst an ihren endgültigen Standort verpflanzen
Blütezeit: März bis Juli
Verwendung: für Schalen, Balkonkästen, Beeteinfassungen. Für kleine Sträuße hübsche Schnittblume

Alcea rosea

Stockrose
Alcea rosea

Die Stockrose ist eine typische Blume des sogenannten Bauerngartens. Man vermutet ihre Heimat in der Türkei, und sie soll von Kreuzrittern nach Nordeuropa gebracht worden sein. Ihre aufrechten, bis 2,5 Meter hohen Stiele tragen rundliche, gelappte Blätter, und fast auf der ganzen Länge sitzen die großen, teilweise gefüllten Blüten. Sie entfalten sich von unten nach oben – das gibt der Pflanze ein imposantes, fackelähnliches Aussehen. Sie müssen gestützt werden, leider bekommen sie sehr oft Rostpilze.

Höhe und Breite der ausgewachsenen Pflanze: H bis 300 cm, B 50 cm
Standort: sonnig, windgeschützt
Boden: nahrhaft, tiefgründig
Aussaat: im Mai/Juni an Ort und Stelle. Lichtkeimer (nicht bedecken). Keimtemperatur 20 °C, Keimdauer 8 Tage. Die kleinen Pflanzen im Spätsommer dorthin setzen, wo sie im nächsten Jahr blühen sollen, ca. 60 Zentimeter auseinander. Oder entsprechend pikieren
Blütezeit: Juni bis August
Verwendung: im Hintergrund einer Rabatte

Limnanthes douglasii

Sumpfblume
Limnanthes douglasii

In englischsprachigen Ländern heißt diese liebliche kleine Pflanze auch „poached-egg plant" – weil ihre goldgelbe Mitte so akurat weiß gerandet ist wie bei einem pochierten Ei. Sie ist eine gute Unterpflanzung für höhere Einjährige oder Stauden, aber auch als Wegbegleitung und im Steingarten macht sie sich gut. Einmal im Garten etabliert, sät sie sich reichlich aus. Das weiß-gelbe Gesicht sitzt über dem gefiederten Laub, und die Pflanze bildet dichte Teppiche. Die Sumpfblume ist eine gute Bienenweide.

HÖHE UND BREITE DER AUSGEWACHSENEN PFLANZE: H 15–20 cm, B 15 cm
STANDORT: sonnig bis halbschattig
BODEN: humose, feuchte Gartenerde, gut gedüngt
AUSSAAT: im September an Ort und Stelle. Kaum bedeckt. Keimtemperatur 16 °C, Keimdauer 14 Tage. Eventuell im Frühjahr ausdünnen
BLÜTEZEIT: Juni bis August
VERWENDUNG: für Einfassungen oder im Vordergrund der Blumenrabatte

Pflanzen, die überall erhältlich sind und deren Anzucht deshalb nicht lohnt

Die hier aufgeführten Sommerblumen kann man ohne Schwierigkeiten in Blumengeschäften, Gartencentern oder Gärtnereien kaufen. Sie gehören zum Standardsortiment des sogenannten „Sommerflors" und sind in den meisten Fällen tropischen Ursprungs. Das bedeutet, daß ihre Anzucht schwieriger ist als bei den oben genannten Blumen; die Keimtemperaturen müssen hoch sein, und das Abhärten erfordert Fingerspitzengefühl.

Viele von ihnen lassen sich natürlich auch aus Samen heranziehen, und wenn man sich die Mühe machen möchte, kann man interessante Sorten entdecken. Denn die Auswahl an Saatgut ist immer größer als die an Jungpflanzen.

Die angebotenen Sommerblumen stehen Mitte Mai schon in ihrer ersten Blüte zur Verfügung, so daß man passende Arrangements zusammenstellen kann. Sie sind besonders bei der vorübergehenden Nutzung von Ferienhäusern von Vorteil. Auch für Balkonkästen, Schalen und größere Container-Bepflanzungen sind diese vorgezogenen Pflanzen sehr praktisch. Vielleicht lohnt sogar der Versuch, ein kleines graphisches Muster mit ihnen im Vorgarten zu komponieren. „Stickerei" mit Blumen war die große Mode im 19. Jahrhundert, man nannte ein so gestaltetes Beet *Parterre à Broderie.*

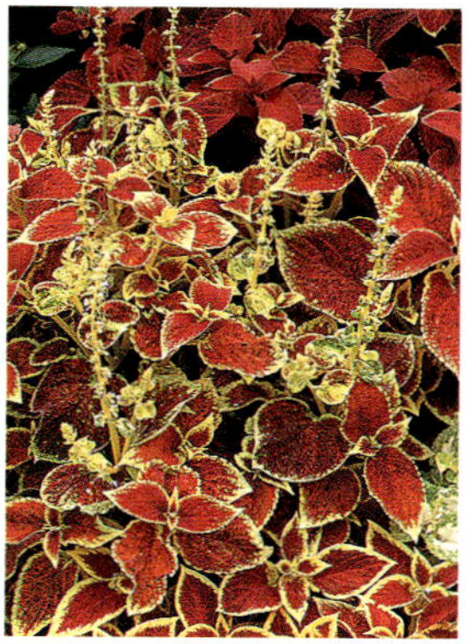

Coleus blumei

Salvia splendens 'Laser Purple'

Buntnessel
Coleus blumei bzw.
Coleus x hybridus

Aus der Familie der Minze-Gewächse stammt diese bunte Pflanze – sie kam im 19. Jahrhundert von Java nach Europa. Ihre Blüten sind uninteressant, und man sollte sie zugunsten eines buschigen Wuchses immer abknipsen. Es sind die bunten Blätter, mit denen Beeteinfassungen und Kübelpflanzungen dekorativ gestaltet werden können. Es gibt u. a. nachtschwarze, hellgrün gesprenkelte oder oliv-rote Sorten. Höhe und Breite ca. 30 Zentimeter. Halbschatten

Feuersalbei
Salvia splendens

Es muß nicht immer das knallige Rot sein, inzwischen gibt es die bekannte Gartensalvie auch in gemischten Tönen von Cremeweiß bis Dunkelviolett. Man setzt sie am besten einzeln in eine gemischte Gefäßpflanzung, dann kommen die dichten, aufrechten Blütentrauben gut zur Geltung. Der Feuersalbei blüht unermüdlich von Mai bis September. Höhe 30 Zentimeter, Breite 25 Zentimeter. Er braucht einen warmen, sonnigen Platz. Die Erde sollte feucht und mit Kompost gemischt sein.

Impatiens walleriana 'Zwerg Sondermischung'

Fleißiges Lieschen
Impatiens walleriana

Die später beschriebene Neuguineablume ist eine Züchtung der *I. w.*, die ihre Heimat im südlichen Afrika hat. In ihrem Wuchsverhalten und in ihren Ansprüchen sind sich die beiden Arten deshalb ähnlich, das Fleißige Lieschen ist etwas lockerer und zierlicher im Erscheinungsbild, und es will überhaupt nicht in der Sonne stehen. Es gibt unterschiedliche Sorten, die Höhe variiert von 15 bis 50 Zentimeter, die Breite beträgt fast immer ca. 30 Zentimeter. Pflanzt man sie enger zusammen, wachsen sie mehr in die Höhe.

Verbena x *hybrida* 'Peaches and Cream'

Gartenverbene
Verbena x hybrida

Verbenen werden in vielen, sehr schönen Formen angeboten. Sie sind Züchtungserfolge aus verschiedenen Arten, und man unterscheidet zwischen buschigen und hängenden, rankenden Pflanzen. Die runden Blütenköpfe setzen sich aus vielen kleinen Einzelblüten zusammen, und man erhält sie in Rosa, Rot, Blau, Weiß und zarten, pastellfarbenen Mischungen. Die rankenden Sorten weben sich auflockernd durch eine Kübelbepflanzung oder hängen zierlich über den Topfrand. Höhe 20 bis 40 Zentimeter, Breite 30 Zentimeter. Sonniger Standort und gute Komposterde.

Pelargonium 'Lord Bute'

Geranie
Pelargonium

Es sprengt den Rahmen dieser Aufzählung, die gesamte Vielfalt der Art darzustellen. Es gibt Busch-, Hänge-, Blattschmuck- und Duftpelargonien, sie kommen in Weiß und allen Rosa- bis Rottönungen vor. Manche haben viele kleine Einzelblüten, andere prunken mit dichten Blütenköpfen, zum Teil sogar gefüllt. Die Auswahl ist groß, und für Blumenkästen, Schalen und größere Containerbepflanzungen findet man immer das Passende. Durchschnittliche Höhe und Breite 30 Zentimeter. Sie lieben sonnige Plätze und nährstoffreiche, durchlässige Erde.

Bidens ferulifolia 'Goldie'

Goldfieder, Zweizahn
Bidens ferulifolia

Goldene Blütensterne scheinen über den dünnen Stielen und dem gefiederten Laub zu schweben. Eine wunderbare Pflanze für Schalen, Kästen und Kübel; sie durchwebt kompaktere Arrangements. Höhe und Breite 30 Zentimeter. Sonne und feuchter, durchlässiger Boden.

Heliotropium arborescens 'Marine'

Heliotrop
Heliotropium

In geschützten Lagen in Irland wächst diese wunderbare, frostempfindliche Sommerblume sogar als Hecke heran und verströmt weithin ihren Duft. Bei uns kauft man sie als niedrige Beet- oder Kübelpflanze – der Duft aber bleibt: schwer nach Vanille und ein wenig nach Nelken. Das dunkle, gerunzelte Laub und die tiefvioletten Blütendolden wirken attraktiv. Höhe und Breite 30 Zentimeter. Sonne und nährstoffreicher, feuchter Boden bekommen ihr gut.

Sanvitalia procumbens

Husarenknopf
Sanvitalia procumbens

Man nennt sie auch Miniatursonnenblume, denn sie besitzt einen gelben Strahlenkranz und eine schwarze Mitte. Der Husarenknopf bildet niedrige Matten, ca. 20 Zentimeter hoch, und blüht von Juli bis Oktober. Eine hübsche Unterpflanzung für höhere Blumen sowohl im Staudenbeet als auch in Kübelarrangements. Passend für magere Böden, im Steingarten und an der Terrasse, wenn es nur ein warmes, sonniges Plätzchen ist.

Dimorphotheca pluvialis

Kapkörbchen, Kapringelblume
Dimorphotheca

Weiße, margeritenähnliche Blüten mit einer braunen Mitte stehen über dem schlanken, gezähnten Laub. Die Kapringelblume stammt aus Südafrika und ergänzt Lücken in der Blumenrabatte. Auch als Schnittblume ist sie geeignet. Höhe 40 Zentimeter, Breite 20 Zentimeter. Sonniger Standort.

Begonia semperflores 'Partyflirt'

Knollenbegonie, Eisbegonie
Begonia-Hybriden

Die Begonien sind sehr vielfältig. Es gibt kleinblütige (*B. semperflorens*), Knollenbegonien (*B.* x *tuberhybrida*) mit großen, teils gefüllten Blüten und hängende Sorten (Pendula-Gruppe, z. B. 'Apricot Cascade'). Sie haben fleischige, grüne bis rötliche Blätter, und in ihrer Farbpalette fehlt nur Blau. Gut geeignet in Containerarrangements. Höhe 20 bis 35 Zentimeter, Breite 20 Zentimeter. Sonniger bis halbschattiger Standort. Nahrhafte Komposterde.

Senecio bicolor

Kreuzkraut, Silbereiche
Senecio cineraria bzw. *bicolor*

Auf die kleinen senfgelben Blüten kommt es bei dieser Sommerblume nicht an, im Gegenteil, oft stören sie farblich, und man entfernt sie, sobald sie erscheinen. Wichtig sind die silbrig-weißen Blätter, die mehr oder weniger gezähnt sind. Die kleinen Büsche sind wirkungsvolle Ergänzungen bei der Beeteinfassung oder in einer Containerpflanzung. Höhe und Breite 30 Zentimeter. Sie wollen Sonne und einen durchlässigen Boden.

Ageratum houstonianum 'Blue Horizon'

Leberbalsam
Ageratum

Buschige, kompakte kleine Pflanze mit knöpfchenartigen Blüten. Nicht nur in Lavendelblau, sondern auch in Rosa und Weiß erhältlich. Sehr schön als Beeteinfassung und in Töpfen. Höhe 10 Zentimeter, Breite 20 Zentimeter. Sonniger bis halbschattiger Standort, feucht halten und düngen.

Lobelia erinus

Bellis perennis

Männertreu
Lobelia erinus

Es gibt verschiedene Arten der bekannten einjährigen Lobelie, z. B. *L. fulgens*, *L. pendula* und *L.* x *speciosa*. Sie unterscheiden sich nicht sehr voneinander; alle haben viele winzige Blüten, die über den schmalen, zierlichen Blättern stehen. Manche bilden rundliche, 15 cm hohe Tuffs, andere hängende, bis zu 30 Zentimeter lange Stiele. Letztere sind wunderhübsch in Balkonkästen oder großen Kübeln, wenn ihre unzähligen Blüten kaskadenartig überschäumen. Die bekannteste Farbe ist natürlich das Azurblau von *L. e.* 'Kristallpalast', es gibt jedoch auch weiße und verschiedene Rot- und Lilatöne. Sonnig bis halbschattig in nährstoffreichem Boden.

Maßliebchen, Tausendschön
Bellis perennis

Diese niedrigen Frühlingsblüher in Weiß, Rosa und Rot mit den hübschen Blattrosetten sind ein entzückender Schmuck am Wegesrand oder als Beeteinfassung. Auch mit Tulpen oder Vergißmeinnicht wirken sie frisch und dekorativ. Neben den ungefüllten mit gelber Mitte gibt es auch gefüllte Sorten, die dichte, pomponartige Blüten haben. Höhe und Breite 15 bis 20 Zentimeter. Sonniger Standort. Keine besonderen Bodenansprüche.

Dorotheanthus bellidiformis

Mittagsblume
Dorotheanthus bellidiformis

Die Mittagsblume schließt ihren kleinen Blütenstrahlenkranz, wenn die Sonne nicht scheint. Sonst bildet die ca. zehn Zentimeter hohe Pflanze farbenprächtige Teppiche in Rosa, Lachs und Weiß. Ihre Blätter sind fleischig und hellgrün. Es gibt auch eine sonnengelbe Sorte *D. b.* 'Lunette'. Mittagsblumen wirken am schönsten in Natursteintrögen. Breite 25 Zentimeter. Sie benötigen den sonnigsten Platz im Garten oder auf der Terrasse.

Gazania Hybr. 'Mini Star White'

Mittagsgold, Gartengazanie
Gazania

Sie reagiert ähnlich wie die Mittagsblume auf Sonnenschein, ihre Erscheinung ist aber kräftiger, und die Blüten sind größer und eleganter. Besonders die gestreiften Sorten sind auffällige Begleiter in Containerpflanzungen. Die Farbpalette reicht von Weiß über Rosa und Rot bis Rotbraun. Es gibt ebenfalls eine gelbe Serie. Höhe und Breite 30 Zentimeter. Warmer, sonniger Standort und magerer, sandiger Boden.

Impatiens Neuguinea 'Paradise Tobago'

Neuguineablume
Impatiens Neuguinea-Hybriden

In den achtziger Jahren des 20. Jahrhunderts wurden die Neuguinea-Impatiens gezüchtet. Sie wurden ein großer Erfolg. Ihr ausdauernder Blütenreichtum über dem glänzenden, dunkelgrünen Laub macht sie zu einer idealen Kübelpflanze, zumal sie im Schatten gedeiht. Es gibt sie in allen Lila-, Rot- und Rosatönen und natürlich in Weiß. Höhe und Breite 30 Zentimeter. Sonne und Schatten verträgt sie gleichermaßen. Die Erde muß durchlässig, aber gedüngt sein.

Calceolaria 'Dwarf Dainty'

Pantoffelblume
Calceolaria integrifolia

Diese exotische Sommerblume wird als Topfpflanze angeboten und meistens auch so verwendet. Aber es lohnt sich, sie im Vordergrund einer Rabatte auszuprobieren, die in warmen Tönen – Rot, Orange, Gelb – gehalten ist. Ihre Farben sind prächtig gelb-rot und braun gesprenkelt. Höhe und Breite ca. 30 Zentimeter. Sonniger bis halbschattiger Standort. Feucht halten.

Petunia-Hybriden 'Lavender Storm'

Portulaca grandiflora

Petunie
Petunia Hybriden

Petunien sind die Stars unter den Sommerblumen. Ihre teilweise bis zehn Zentimeter (im Durchmesser) großen Trompetenblüten ranken in vielen Farben üppig den ganzen Sommer lang von Balkonkästen, Pflanzschalen und Blumenampeln herab. Mitte des 19. Jahrhunderts kam die Petunie aus Brasilien nach Europa, inzwischen gibt es um die 200 verschiedene Züchtungen. Sie werden in Violett, Lila, Rosa, Lachs, Weiß, zweifarbig und neuerdings in Gelb ('Summer Sun') angeboten, ebenso wie gefüllte Sorten mit reizenden, gerüschten Blüten. Höhe ca. 30 Zentimeter, Breite (Länge) bis 60 Zentimeter. Sie möchten sonnig und windgeschützt stehen, vertragen aber auch ein wenig Schatten. Durchlässiger Boden, etwas gedüngt.

Portulakröschen, Portulak
Portulaca grandiflora

Die seidigen Blüten des Portulakröschens stehen im Gegensatz zu den niederliegenden, derben, fleischigen Blättern. Ihre Farben sind kräftig: Orange, Rot, Gelb, Pink und Weiß. Die Pflanze will es sonnig haben und schließt sich bei trübem Wetter, ist aber ansonsten anspruchslos. Magere Böden machen ihr nichts aus, sie ist ideal im Steingarten oder entlang Stufen und Einfassungen. Höhe und Breite 15 Zentimeter.

Salvia coccinea 'Lady in Red'

Scharlachrote Salvie
Salvia coccinea

Aufrecht und buschig mit kleinen, zweilippigen Blüten in Rosa oder Rot unterscheidet sich *S. c.* von dem bekannteren Feuersalbei durch den lockeren, höheren Wuchs und eine etwas elegantere Erscheinungsform. Besonders schön ist *S. c.* 'Cherry Blossom', die weiß-rosa blüht. Höhe 40 Zentimeter, Breite 30 Zentimeter. Sie braucht Sonne und Düngergaben.

Viola-wittrockiana und *Viola cornuta*

Stiefmütterchen
Viola-wittrockiana-Hybriden

Sie werden auch bei den zweijährigen Sommerblumen genannt, die man selbst anziehen kann. Aber natürlich gehören sie zum Standardsortiment jedes Blumengeschäftes im Frühjahr. Nur die Farb- und Formenauswahl ist begrenzter als bei den Samentütchen. Als Teppich, aus dem Tulpen herauswachsen, als Beeteinfassung und in Blumenschalen sind sie ein unentbehrlicher Begleiter. Höhe 15 bis 25 Zentimeter, Breite 25 Zentimeter. Sie lieben Sonne und durchlässigen, nahrhaften Boden.

Myosotis sylvatica 'Indigo Compact'

Vergißmeinnicht
Myosotis

Wenn man die Pflanze einmal im Garten hatte, dann wird sie immer wieder auftauchen, denn sie sät sich reichlich selbst aus. Aber das schöne Blau des Vergißmeinnicht wird im Laufe weniger Jahre immer blasser und der Wuchs lockerer. Deshalb lohnt sich die jährliche Neuanpflanzung dieser kleinen, kompakten Frühlingsblume mit ihren winzigen Blütensternchen und den schmalen, behaarten Blättern. Es gibt außer blauen auch weiße und rosa Vergißmeinnicht. Die Zusammenstellung mit Tulpen, die durch einen Teppich von Myosotis hindurchwachsen, ist sehr beliebt. Höhe und Breite ca. 15 Zentimeter. Sie vertragen Halbschatten und stellen keine Ansprüche an den Boden.

Chrysanthemum 'Dana'

Wucherblume
Chrysanthemum

Umgangssprachlich werden die Blumen dieser Gattung, die als einjährige Sommerblumen in Geschäften angeboten werden, als Margeriten bezeichnet. Es gibt viele unterschiedliche Sorten mit gelben, weißen oder rosa Blüten, dunkelgrünem oder silbergrauem Laub. Sie wirken allein oder als Hochstamm dekorativ und ergänzen eine Containerpflanzung immer vorteilhaft. Höhe und Breite je nach Sorte, aber alle lieben Sonne und gut gedüngten Boden.

Nicotiana x *sanderae*

Ziertabak
Nicotiana sanderae

Die im Blumenhandel angebotenen 30 Zentimeter hohen Pflanzen sind mit ihren röhrenförmigen Blüten, die sich am Ende sternförmig öffnen, ein beliebter Schmuck. Es gibt sie in Rosa, Altrosa, Lindgrün und Cremeweiß. Manche duften sogar. Ziertabak läßt sich gut in größeren Kübelpflanzungen kombinieren. Sonnige oder halbschattige Standorte verträgt er gleichermaßen. Die Erde sollte gedüngt sein und feucht gehalten werden.

Die meisten unserer Sommerblumen lieben einen einfachen Boden und sehr viel Sonne. Das kommt uns sehr gelegen, wenn es um die Bepflanzung von Blumenkübeln, die Einfassung der Terrasse oder um Lücken im sonnigen Staudenbeet geht. Aber auch für ganz spezielle Wünsche und Standorte gibt es geeignete Einjährige, die man sich aus Samen heranziehen oder als Pflanzen in der Gärtnerei kaufen kann.

Spezielle Standorte

• Im gefleckten Licht unter Bäumen oder an einem Ort, der zeitweilig im Schatten liegt, lassen sich einige geduldige Sommerblumen anpflanzen; richtige Schattenpflanzen gibt es unter den Einjährigen nicht. Es hat auch keinen Zweck, mit größeren Düngergaben eine Pflanze im Schatten zu päppeln, in der Hoffnung, sie würde dann doch blühen. Der Dünger fördert höchstens die Blattbildung.
Der Stockrose (*Alcea rosea*) genügen wenige Sonnenstunden am Tag. Vergißmeinnicht (*Myosotis*), Gauklerblume (*Mimulus*), Silberling (*Lunaria*), Knollenbegonie (*Begonia* x *tuberhybrida*), Hornveilchen (*Viola cornuta*) und Kapuzinerkresse (*Tropaeolum*) gedeihen auch, wenn sie in wechselndem Licht stehen. Am geeignetsten für absonnige, aber nicht gänzlich schattige Plätze sind jedoch Fleißiges Lieschen (*Impatiens*), der Fingerhut (*Digitalis*) und die hohen Ziertabaksorten (*Nicotiana sylvestris, N. alata* und *N. langsdorffii*). Ein großblumiges, weißblütiges Fleißiges Lieschen (*Impatiens* Neuguinea-Hybriden) mit seinem glänzenden dunkelgrünen Laub hellt eine halbschattige Ecke wunderschön auf, die Blütensterne leuchten noch im Dämmerlicht. Das gilt ebenfalls für den weißen Fingerhut (*Digitalis purpurea* 'Albiflora') und den wirklich imposanten Ziertabak *Nicotiana sylvestris*. Diese drei wirken auch in Blumenkübeln sehr dekorativ.

Die gelbgrüne Tabakpflanze (*Nicotiana langsdorfii*) ist eine sehr dekorative Erscheinung.

• Feuchte Standorte sind für fast alle Sommerblumen nicht besonders bekömmlich, sie stammen ja größtenteils aus dem Mittelmeerraum, aus Südafrika oder Mexiko und sind eher an Trockenheit gewöhnt. Aber man findet Einjährige, die es ganz gerne ein wenig feucht haben – Staunässe allerdings können auch sie nicht vertragen. Fuchsschwanz (*Amaranthus*), Stockrose (*Alcea rosea*), Ringelblume (*Calendula*), Schmuckkörbchen (*Cosmea*) und Rittersporn (*Delphinium*) gehören dazu. Auch bei Sonnenblumen (*Helianthus*), Prunkwinden (*Ipomoea*), Lein (*Linum*), Reseden (*Reseda*) und Studentenblumen (*Tagetes*) sollte die Erde nicht austrocknen, sondern stets feucht gehalten werden. Die unterschiedlichen Bedürfnisse sind nicht sehr gravierend, aber wenn sich in einer Ecke des Gartens die Feuchtigkeit nach einem Regenschauer länger hält, dann sollte man dort die aufgezählten Blumen anpflanzen.

• Salzige Seewinde sind für sehr viele Zierpflanzen eine regelrechte Tortur, und nur wenige kommen mit dieser Situation zurecht. Wie sein Name schon verrät, ist natürlich der Meerlavendel (*Limonium*) so ein Überlebenskünstler, und alle anderen sogenannten Stroh- oder Trockenblumen sind es auch: Sonnenflügel (*Helipterum*), Strohblume (*Helichrysum bracteatum*), aber auch die einfachen Alyssum-Sorten (*Lobularia*). Grundsätzlich kann man davon ausgehen, daß graugrüne bzw. silberblättrige Pflanzen wie Mohn (*Papaver*), Silbereiche (*Senecio*), Kalifornischer Mohn (*Eschscholzia*), Nelke (*Dianthus*), Kornblume (*Centaurea*) und Wolfsmilch (*Euphorbia*) die grelle Sonne an der See vertragen können, wenn sie windgeschützt stehen.

• Blickschutz vor dem Zaun zum Nachbarn oder dem Komposthaufen schafft man sich mit hohen Blumen. Wenn der Standort sonnig ist, dann sind Stockrose (*Alcea rosea*), Fuchsschwanz (*Amaranthus caudatus*), Sonnenblume (*Helianthus annuus*) und Sommerritter-

Ein Bauerngarten mit vielen hoch aufragenden Stockrosen (*Alcea rosea*). Die bunte Fülle wird durch niedrige Buchsbaumhecken eingefaßt.

sporn (*Delphinium consolida*) ideal. Im Halbschatten pflanzt man Ziertabak (*Nicotiana sylvestris*). Die Pflanzen werden zwischen 1,20 und drei Meter hoch und können in einer Reihe dicht an dicht gesetzt werden.

Spezielle Eigenschaften

- Duftende Sommerblumen sollte man unter dem Wohnzimmerfenster oder direkt am Sitzplatz im Garten aussäen bzw. pflanzen. Auch in einem größeren Topf auf dem Balkon kann man die betörenden Düfte der folgenden Blumen genießen: Goldlack (*Cheiranthus*), Heliotrop, Duftwicke (*Lathyrus odoratus*), Levkoje (*Matthiola*), Ziertabak (*Nicotiana alata* syn. *affinis*), Petunie und Resede.
- Einige Sommerblumen säen sich üppig aus und kommen jedes Jahr wieder. Sie geben dem Garten ein lockeres, buntes Antlitz, das gut in eine ländliche, informelle Umgebung paßt. Man wird sie auch leicht wieder los, weil sie im Gegensatz zu manchem Wildkraut keine ausdauernden Wurzeln ausbilden. Unkomplizierte Bauernschönheiten sind Ringelblume (*Calendula*), Kornblume (*Centaurea*), Vergißmeinnicht (*Myosotis*), Kalifornischer Mohn (*Eschscholzia*) und andere Mohnsorten (*Papaver somniferum, P. rhoeas*).

Zusammen mit Gräsern und der ausdauernden Wucherblume (*Chrysanthemum*) entsteht eine Sommerblumenwiese, wenn man sie auf einer größeren Fläche aussät. Dann sollte die Wiese erst gemäht werden, wenn die Blumen Samen ausgebildet haben. Es ist nicht sicher, welche Blumen im nächsten Jahr wiederkommen. Manche müssen jedes Jahr aufs neue gesät oder gesetzt werden.

Fingerhut (*Digitalis*), Sumpfblume (*Limnanthes*) und Kapuzinerkresse (*Tropaeolum*) machen sich ebenfalls gerne selbständig und durchwandern den Garten bzw. zumindest das Blumenbeet. Die elegante Atlasblume

Viele Einjährige wirken erst in großen Gruppen dekorativ. Hier sind es Duftwicken (*Lathyrus*), die ihr süßes Parfüm verströmen.

(*Clarkia*), Jungfer im Grünen (*Nigella*) und das zarte Schmuckkörbchen (*Cosmos*) kommen aus den eigenen Samen auch oft im nächsten Jahr wieder, wenn man sie nicht vorzeitig als Schnittblumen ins Haus geholt hat.

- Vom Frühjahr bis zum Herbst läßt sich der Garten mit der entsprechenden Sorgfalt durch Sommerblumen duftig gestalten. Dazu muß man nur wissen, welche Blumen zu welcher Zeit blühen.

Dies ist eine kleine Auswahl von Frühjahrsblühern, die von April bis Juni ihren Flor entfalten: Maßliebchen (*Bellis*), Vergißmeinnicht (*Myosotis*), Stiefmütterchen (*Viola wittrockiana*), Goldlack (*Cheiranthus*), Leberbalsam (*Ageratum*), Marienglockenblume (*Campanula medium*), Trichterwinde (*Convolvulus*), Bartnelke (*Dianthus barbatus*), Sonnenflügel (*Helipterum*) und natürlich alle vorgezogenen, die mit aufgegangenen Blüten ab Mai in den Blumengeschäften und Gärtnereien erhältlich sind.

Von Ende Juni bis in den August blüht die Mehrzahl aller Sommerblumen, aber es sind nicht wenige, von denen man sagen kann, daß sie im Herbst besonders schön sind. Dazu zählen Duftsteinrich (*Alyssum*), Löwenmaul (*Antirrhinum*), Aster (*Callistephus*), Ringelblume (*Calendula*), Herbstmargerite (*Chrysanthemum*), Glockenrebe (*Cobea scandens*), Mädchenauge (*Coreopsis tinctoria*), Kapkörbchen (*Dimorphotheca*), Kokardenblume (*Gaillardia*), Sonnenblume (*Helianthus*), Lein (*Linum*), Ziertabak (*Nicotiana*) und Sonnenhut (*Rudbeckia*).

Zinnien (*Zinnia*), Verbenen (*Verbena*) und Studentenblumen (*Tagetes*) sind in milden Lagen sogar noch im November zu bewundern.

Der Weg entlang dem Staudenbeet mit Dahlien und Rosen wird aufgelockert durch das lila Eisenkraut (*Verbena rigida*), eine filigrane Varietät der Gartenverbene.

Eine sommerliche Symphonie aus Sonnenhut (*Rudbeckia*), Studentenblumen (*Tagetes*), Nelken (*Dianthus*), Hängeverbenen (*Verbena*) und Husarenknopf (*Sanvitalia*)

Zusammenstellungen für Blumenkübel

Für die zeitweilige Dekoration auf Balkon und Terrasse, als Attraktion am Ende eines Weges oder zur Aufheiterung einer schmucklosen Ecke sind Pflanzgefäße mit einjährigen Sommerblumen ideal. Sie werden im Winter beiseite geräumt, und um die mühsame Pflege der Pflanzen während der Wintermonate braucht man sich nicht zu kümmern.

Die Bepflanzung von kleinen Blumenschalen, Balkonkästen oder großen Pflanzcontainern kommt dem Komponieren eines Musikstücks gleich. Höhepunkte soll es geben, eine erkennbare Struktur mit kleinen Wiederholungen und Schmeichelhaftes – in diesem Fall für das Auge. Beim Beachten einiger Regeln kann aus dem langweiligen Nebeneinander ein kleines Kunstwerk entstehen:

Ins Zentrum kommen hohe, auffällige Pflanzen, die eine senkrechte Betonung darstellen. Bei länglichen Gefäßen sollte die Höhe der Bepflanzung zu den Seiten etwas abnehmen. Sehr große Töpfe vertragen Gräser (*Pennisetum*, *Hordeum* u. a.), hohen Ziertabak (*Nicotiana sylvestris*, *N. alata*), Hochstamm-Fuchsien und -Margeriten oder z. B. den roten Neuseeländer Flachs (*Phormium tenax*). Um diese Mitte herum schafft man Fülle und Kompaktheit durch Großblättriges wie Geranie (*Pelargonium*), Begonie (*Begonia*), Zinnie (*Zinnia*) oder Heliotrop (*Heliotropium*), und rundherum überdecken Hängepflanzen wie Kapuzinerkresse (*Tropaeolum*), Petunie (*Petunia*), Efeu (*Hedera*) und Hängegeranie (z. B. *Pelargonium* 'Summer Showers') schmeichelnd den Gefäßrand. Den feinen Abschluß des Arrangements erreicht man mit filigranen Blumen, die sich durch die anderen Pflanzen hindurchweben und das Ganze leicht und locker machen; dazu eignen sich Goldfieder (*Bidens aurea*), Hängeverbene (z. B *Verbena* 'Peaches & Cream'), Diascia

Wucherblumen (oben), auch Margeriten (*Chrysanthemum*) genannt, mit silbergrauem Laub sind ein dekorativer Kübelschmuck.
Geranien (*Pelargonium*) (rechts) sind bekannte und beliebte Topfblumen. Es gibt unzählige Variationen wie diese *P.* 'Verona' mit panaschiertem Laub.

(*D. cordata*) und Schleierkraut (*Gypsophila*).
Einjährige Sommerblumen lassen sich auch in Schalen und Kästen direkt aussäen. Man behandelt sie wie die Freilandkulturen. Von Vorteil ist es, daß man sie aus dem Blickfeld stellen kann, solange sich die Blütenpracht noch nicht entwickelt hat. Später müssen die Töpfe regelmäßig gedüngt und alles Verblühte muß entfernt werden.
Einjährige und Zwiebelpflanzen lassen sich hervorragend kombinieren; im Herbst werden die Knollen in den Topf versenkt, und im Frühjahr kommen die gekauften oder vorgezogenen Maßliebchen (*Bellis*), Vergißmeinnicht (*Myosotis*), Primeln (*Primula*), Hornveilchen (*Viola cornuta*) und Stiefmütterchen (*Viola wittrockiana*) hinzu. Um das vergilbende Laub der Tulpen oder Narzissen zu verdecken, sollte später eine höhere Sommerbepflanzung folgen.

Lückenfüller im Staudenbeet

Häufig werden Sommerblumen zur Beeteinfassung verwendet, oder sie sind – besonders in sogenannten Bauerngärten –, an Ort und Stelle ausgesät, Ersatz für langlebige Stauden. Die unzähligen Möglichkeiten, Rabatten zu füllen und bunt zu gestalten, werden viel zu wenig genutzt.
Durch die gepflanzten Horste hat ein Staudenbeet immer eine gewisse Grundstruktur, die sich allerdings ständig ändert: Jede neu hinzukommende Staude ist zuerst klein, aber der Platz rundherum darf nicht mit dauerhaften Nachbarn zugepflanzt werden, denn die Pflanzen werden im Laufe der Jahre breiter. Später werden sie im Herbst durch Teilung vermehrt, und nach einigen Jahren können Stauden auch mal eingehen – kurzum, es entstehen immer wieder Lücken. Diese kahlen Stellen lassen sich wunderbar mit Sommerblumen füllen.

Derartig kombinierte Blumenrabatten haben oft einen besonderen Charme, der durch die Mischung kompakter Stauden mit dem leichten Flor einjähriger Pflanzen entsteht. Sehr reizvoll sind farbliche Betonungen durch Sommerblumen, besonders wenn durch sie der Farbton einer benachbarten Staude wiederholt wird. Vorsichtig muß man bei der Gestaltung von bunten Beeten sein. Aufgrund ihres oft exotischen Ursprungs sind die Farben von Einjährigen meistens ziemlich grell, deshalb können Mischungen heikel sein, und man ist auf der sicheren Seite, wenn Ton-in-Ton gepflanzt wird.
Die vorgesehenen Flächen – in der Größe vergleichbar mit dem Horst einer Staude – werden im Frühjahr mit hellem Sand markiert und die Sommerblumen dort in größeren Gruppen ausgesät oder ausgepflanzt. Gut geeignet sind dafür Klarkie (*Clarkia*), Bechermalve (*Lavatera*), Kokardenblume (*Gaillardia*), Sonnenhut (*Rudbeckia*), Fuchsschwanz (*Amaranthus*), Gartenbalsamine (*Impatiens balsamina*), Levkoje (*Matthiola*), Gartenmohn (*Papaver somniferum*), Jungfer im Grünen (*Nigella*), Klatschmohn (*Papaver rhoeas*), Kornblume (*Centaurea*), Lein (*Linum*), Löwenmaul (*Antirrhinum*), hohe Ziersalbeisorten (*Salvia*), Muschelblume (*Moluccella*), Purpurskabiose (*Scabiosa*), Schleierkraut (*Gypsophila*), Schmuckkörbchen (*Cosmos*), Rittersporn (*Delphinium consolida*), Sonnenblume (*Helianthus*), Fingerhut (*Digitalis*), Marienglockenblume (*Campanula medium*), Silberling (*Lunaria*), Spinnenpflanze (*Cleome*) und hoher Ziertabak (*Nicotiana*). Einige von ihnen säen sich selbst aus, wenn man die Blütenstände ausreifen läßt. Dann verteilen sich diese Blumen in lockerer Weise zwischen den Stauden, und es entsteht eine reizende Unordnung.
Es ist wichtig, daß das Erdreich um Rosen herum im Herbst und im Frühjahr frei ist, damit es gelockert und gedüngt werden kann. Da kommen die einjährigen Blumen gerade recht, um in den Sommermonaten eine

Folgende Doppelseite: Zwischen Stauden wie Phlox und Rittersporn, Rosen und Dahlien füllen Einjährige das Blumenbeet: lila Ziersalbei (*Salvia viridis*), rosa Bechermalven (*Lavatera*), rote Melde (*Atriplex*), Studentenblume (*Tagetes*) und leuchtend rote Lobelien (*Lobelia*).

Das Stöbern in Samenkatalogen lohnt sich: Auch die bekannte Kapuzinerkresse gibt es in außergewöhnlichen Farben. Diese heißt 'Empress of India', (*Tropaeolum majus* – Kaiserin von Indien) (rechts).

Folgende Doppelseite: Verschiedene gelbe Sommerblumen werden durch pinkfarbene Geranien (*Pelargonium*) und Nelken (*Dianthus*) aufgemischt mit Sonnenhut (*Rudbeckia*), Studentenblumen (*Tagetes*) und Husarenknopf (*Sanvitalia*).

hübsche Begleitung zu bilden. Der übliche Anblick kahler Rosenfüße wird vermieden, und außerdem profitieren die Sträucher davon, daß durch die Verschattung der Erde Feuchtigkeit gehalten wird. Für diesen Zweck passen Nelke (*Dianthus*), Alyssum (*Lobularia*), Zinnie (*Zinnia*), Kapuzinerkresse (*Tropaeolum*), Buntschopfsalbei (*Salvia horminum*), Schleifenblume (*Iberis*), Schnee auf dem Berge (*Euphorbia marginata*), Sommeraster (*Callistephus*), Sommerphlox (*Phlox drummondii*), Sonnenflügel (*Helipterum*), Strohblume (*Helichrysum*), Viola (*Viola cornuta*) und Stiefmütterchen (*Viola wittrockiana*), Sumpfblume (*Limnanthes*), Gartenresede (*Reseda*), Kreuzkraut (*Senecio*), Vergißmeinnicht (*Myosotis*), Leberbalsam (*Ageratum*), Männertreu (*Lobelia*), Verbene (*Verbena*) und niedrige Ziertabaksorten (*Nicotiana sanderae*).
Den kahlen Fuß mancher größeren Gehölze, die unter sich gefleckten Schatten verbreiten, kann man mit den geduldigen Neuguinea-Hybriden der *Impatiens*-Familie bepflanzen, wenn man das Erdreich vorsichtig auflockert und für regelmäßige Feuchtigkeit sorgt.

Januar

Im Winter werden alle vorhandenen Geräte, Handwerkszeug, Töpfe und Schalen gründlich gesäubert. Als Vorkultur kann die Gartennelke (*Dianthus caryophyllus*) ausgesät werden.

Februar

Aussaaterde, Torftöpfchen, Saatschalen und alles Zubehör zum Vorziehen einkaufen
Erste Aussaaten auf der Fensterbank:
Chinanelke (*Dianthus chinensis*)
Gauklerblume (*Mimulus*)
Löwenmaul (*Antirrhinum*)
Mädchenauge (*Coreopsis*)
Meerlavendel (*Limonium*)
Muschelblume (*Moluccella*)
Spinnenpflanze (*Cleome*)
Studentenblume (*Tagetes*)
Zinnie (*Zinnia*)
An Ort und Stelle: Ringelblume (*Calendula*)

März

Vorkultur von:
Duftsteinrich (*Lobularia*)
Duftwicke (*Lathyrus*)
Gartenbalsamine (*Impatiens balsamina*)
Glockenrebe (*Cobaea scandens*)
Kokardenblume (*Gaillardia*)
Levkoje (*Matthiola*)
Mehlige Salvie (*Salvia farinacea*) und *Salvia patens*
Schnee auf dem Berge (*Euphorbia marginata*)
Schwarzäugige Susanne (*Thunbergia alata*)
Sommeraster (*Callistephus*)
Sommerphlox (*Phlox drummondii*)

Sonnenflügel (*Helipterum*)
Sonnenhut (*Rudbeckia hirta*)
Strohblume (*Helichrysum*)
Trompetenzunge (*Salpiglossis*)
Ziertabak (*Nicotiana*)
An Ort und Stelle:
Atlasblume (*Clarkia*)
Gartenmohn (*Papaver somniferum*)
Jungfer im Grünen (*Nigella*)
Kalifornischer Mohn (*Eschscholzia*)
Kornblume (*Centaurea*)
Purpurskabiose (*Scabiosa atropurpurea*)
Ringelblume (*Calendula*)
Schleierkraut (*Gypsophila*)
Sommerrittersporn (*Delphinium consolida*)
Ziersalbei (*Salvia horminum* syn. *viridis*)
Saatgefäße und Freilandsaaten auf genügend Feuchtigkeit kontrollieren
Alle Sämlinge, die groß genug sind, jetzt pikieren oder umtopfen

April

Vorkultur von:
Dreifarbige Prunkwinde (*Ipomoea tricolor*)
Elfenspiegel (*Nemesia*)
Fuchsschwanz (*Amaranthus*)
Kapuzinerkresse (*Tropaeolum*)
Mädchenauge (*Coreopsis tinctoria*)
Schmuckkörbchen (*Cosmos*)
Sonnenblume (*Helianthus*)
Trichterwinde (*Convolvulus tricolor*)
An Ort und Stelle:
Bechermalve (*Lavatera*)
Duftsteinrich (*Lobularia*)
Duftwicke (*Lathyrus*)
Klatschmohn (*Papaver rhoeas*)

Kokardenblume (*Gaillardia*)
Lein (*Linum*)
Levkoje (*Matthiola*)
Löwenmaul (*Antirrhinum*)
Mädchenauge (*Coreopsis*)
Ringelblume (*Calendula*)
Schleifenblume (*Iberis*)
Schmuckkörbchen (*Cosmos*)
Schnee auf dem Berge (*Euphorbia marginata*)
Sonnenflügel (*Helipterum*)
Strohblume (*Helichrysum*)
Trichterwinde (*Convolvulus tricolor*)
Trompetenzunge (*Salpiglossis*)
Zinnie (*Zinnia*)

Wenn die Sämlinge ca. zehn Zentimeter hoch sind, sollte man sie „entspitzen“, um einen buschigen Wuchs zu erzielen. Weiterhin muß nach Erfordernis pikiert und umgetopft werden. Für die kletternden Sommerblumenzöglinge müssen Stäbe gesteckt werden, zuerst genügen Schaschlikspieße, später nimmt man größere Holzstäbe.

Jetzt bepflanzt man Schalen, Kästen etc. mit frostunempfindlichen Einjährigen.

Auch die an Ort und Stelle ausgesäten Jungpflanzen müssen z. T. vereinzelt werden.

Die keimende Saat drinnen und draußen muß feucht gehalten werden.

Mai

Vorkultur von:
Stockrose (*Alcea rosea*) für das nächste Jahr
An Ort und Stelle:
Fuchsschwanz (*Amaranthus*)
Kapuzinerkresse (*Tropaeolum*)
Lein (*Linum*)
Purpurskabiose (*Scabiosa*)

Sonnenblume (*Helianthus*)
Nach Bedarf Jungpflanzen pikieren, umtopfen, entspitzen oder vereinzeln
Nach den Eisheiligen (11. bis 15. Mai) kann man die frostempfindlichen Vorkulturen und Jungpflanzen aus der Gärtnerei ins Freie pflanzen.
Jetzt muß Unkraut gejätet und immer auf Feuchtigkeit geachtet werden.

Juni

Vorkultur der Zweijährigen in Töpfen und/oder im Freiland:
Bartnelke (*Dianthus barbatus*)
Fingerhut (*Digitalis*)
Goldlack (*Cheiranthus*)
Marienglockenblume (*Campanula medium*)
Unkrautjäten im Freiland, bei Bedarf düngen, wässern und laufend Verblühtes entfernen

Juli

Vorkultur im Freiland von: Hornveilchen (*Viola cornuta*) und Stiefmütterchen (*Viola wittrockiana*)
Unkraut jäten, wässern, evtl. düngen, Schnittblumen ernten, Verblühtes entfernen, Kletterpflanzen anbinden

August

An Ort und Stelle: Silberling (*Lunaria*)
Ernte von Trockenblumen (Strohblumen)
Verpflanzen der Zweijährigen Vorkulturen an ihren endgültigen Platz

September

Aussaat an Ort und Stelle für das nächste Jahr:

Ein Sommer ohne Ringelblume (*Calendula officinalis*) mit ihrer rotgoldenen Leuchtkraft ist fast undenkbar.

Gartenresede (*Reseda*)
Islandmohn (*Papaver nudicaule*)
Ringelblume (*Calendula*)
Sommerrittersporn (*Delphinium consolida*)
Sumpfblume (*Limnanthes douglasii*)
Die Stellen mit Schildern markieren, da die Saat teilweise erst im Frühjahr aufläuft
Pflanzen der zweijährigen Vorkulturen an ihren endgültigen Platz

Oktober

Vorbereitung des Bodens und Vorratsdüngung für das nächste Jahr
Zweijährige an ihren endgültigen Platz pflanzen.
Legen von Zwiebelknollen in Kübel, die nächstes Jahr zusammen mit Sommerblumen blühen sollen

November

Jetzt besorgt man sich Kataloge von Samenhändlern und macht einen Arbeitskalender für das nächste Jahr.

Dezember

Eine gute Zeit, um Pläne für die Bepflanzung von Töpfen, Kästen und Kübeln und die Verteilung der Sommerblumen im Garten zu machen

Viele verschiedene Töpfe mit Geranien (*Pelargonium*) (oben) umranden den Fuß eines Baumes.
Eine Petunie (*Petunia*) 'Million Bells Terracotta' (rechts) bildet ein dickes Kissen im Blumentopf. Oben leuchten die gelben Sternchen eines Sauerklees (*Oxalis*).

Saatgut

Prospekte anfordern bei:

Chiltern Seeds, Bortree Stile
Ulverston Cumbria LA12 7PB
England

Hild Samen GmbH
Kirchenweinbergstr. 115
71672 Marbach/Neckar

Kiepenkerl Pflanzenzüchtung
Freckenhorster Straße 32
48348 Everswinkel

Kräuterzauber
Auf dem Berg
27367 Horstedt
(Kräuter, Wildblumen und Duftpflanzen)

Küchengarten Reinhold Krämer
Postfach 1511
73505 Schwäbisch Gmünd
(Kräuter)

Mr. Fothergill's Seeds
Gazeley Road
Kentford
Newmarket Suffolk CB8 7QB
England

N. L. Chrestensen
Erfurter Samen- und Pflanzenzucht GmbH
Witterdaer Weg
99092 Erfurt

Saatzucht Quedlinburg
Erwin Baur Str. 23
06484 Quedlinburg

Suttons
Woodview Road
Paignton Devon TQ4 7NG
England

Syringa Versand
B. Dittrich
Postfach 1203
78244 Gottmadingen (Duftpflanzen)

Thompson & Morgan Ltd.
Poplar Lane
Ipswich Suffolk IP8 3BU
England

Walz Samen GmbH
Postfach 311761
70477 Stuttgart

Zubehör

Garpa
Kiehnwiese 82
21039 Escheburg
(„Victorian Garden Reel" – Stab- und Schnurspanner für das Ziehen von Saatrillen, Gießkannen mit feinster Rosette, Rankobelisken, Pflanzkübel)

Manufactum
45729 Waltrop
(Spezieller Gartenkatalog u. a. mit Werkbank zum Eintopfen, Pikieren etc., Richtschnurspanner, Gießkannen)

Secret Garden
Gartenhaus
35260 Schweinsberg
(u. a. handliche Werkzeuge zur Bodenbearbeitung, Gartensieb, Substratschaufel, Umtopfwanne)

Tip

Im Münsterland gibt es eine Gärtnerei, die sich seit einigen Jahren auf die Anzucht von besonderen „Einjährigen" spezialisiert hat. Das Vermehren von alten Sorten und das vielfältige Angebot unbekannter Varietäten gehören zu den vorrangigen Zielen von Michael Klos. Sehr viele Geranien – Duftpelargonien und altmodische Blütenformen – und eine betörende Auswahl an Salvien lohnen die Fahrt zu ihm. Allein von der blauen *Salvia patens* bietet Klos sechs verschiedene Sorten an, sieben unterschiedliche Kapuzinerkressen, sechs Zinniensorten und vieles mehr.

Landgärtnerei Michael Klos
Zur Bleiche 9
48720 Rosendahl (bei Münster)
Tel. 02545/677

Cottage Garden Annuals
by Clive Lane
Verlag David & Charles, London 1998

Gestalten mit Sommerblumen
von Arno Hielscher
Neumann, Radebeul 1992

Royal Horticultural Society:
Sommerblumen
Dumont, Köln 1998

Einjährige Pflanzen
von John Walker
Könemann, Köln 1999

Royal Horticultural Society:
Enzyklopädie der Garten-
und Zimmerpflanzen
Mosaik, München 1990

Plants in Garden History
by Penelope Hobhouse
Pavilion Books, London 1994

Einjahresblumen
Paul Kache und Camillo Schneider
Verlag der Gartenschönheit, Berlin 1928

Register

Anke Kuhbier, geb. 1943 in Berlin, ist seit über 25 Jahren in der Kulturpolitik, Denkmalpflege und Gartengeschichte aktiv. Sie arbeitet als freie Autorin. Im Ellert & Richter Verlag sind von ihr die Bücher „Monets Garten", „Von Jahr zu Jahr", „Die schönsten Rosen" sowie ihre Übersetzungen aus dem Englischen „Das Gartenbuch der Farben" von Andrew Lawson und „Meine schönsten Gärten" von Penelope Hobhouse erschienen.

Marion Nickig, geb. 1955 in Essen, studierte Grafik-Design bei Willy Fleckhaus. Seit 1981 zahlreiche Veröffentlichungen zu Blumen- und Gartenthemen, auch im Ellert & Richter Verlag.

Die Deutsche Bibliothek – CIP-Einheitsaufnahme

Sommerblumen: von Ageratum bis Zinnie/
Anke Kuhbier / Marion Nickig. – 1. Auflage. –
Hamburg: Ellert und Richter, 2000
(Edition Ellert & Richter)
ISBN 3-89234-930-4

Titelfoto: Sonnenblume (*Helianthus*)

Bildnachweis:
alle Fotos von Marion Nickig, Essen
außer S. 24, 25, 29, 88 re., Gisela Caspersen, Hamburg

Text und Bildlegenden: Anke Kuhbier, Hamburg
Lektorat: Kerstin Brockow, Hamburg
Gestaltung: nach Entwürfen des Büros Brückner + Partner, Bremen
Satz: KCS GmbH, Buchholz/Hamburg
Lithographie: Offset-Repro im Centrum, Hamburg
Druck: Wiesbadener Graphische Betriebe GmbH, Wiesbaden
Bindung: S. R. Büge, Celle